Alfred Döblin
„Meine Adresse ist: Saargemünd"

g

Reihe „Spuren"
Herausgegeben von Ralph Schock

Alfred Döblin

„Meine Adresse ist: Saargemünd"

Spurensuche in einer Grenzregion

Zusammengetragen und kommentiert
von Ralph Schock

Gollenstein

Inhalt

Vorbemerkung

Dieses Buch ist das Ergebnis einer Spurensuche nach Alfred Döblin im deutsch-französischen Grenzgebiet zwischen Lothringen und dem Saarland. Mit Alfred Döblin assoziiert man gewiß zuerst „seine" Stadt Berlin, kaum die etwas abgelegene Region zwischen Deutschland und Frankreich, deren Bewohner immer wieder die staatliche Zugehörigkeit wechseln mussten.

Und doch existieren vielfältige Beziehungen von Alfred Döblin und seiner Familie in diese Gegend Südwestdeutschlands; eine Landschaft, die er sehr mochte, wie er oft betonte, in der er und seine Angehörigen aber auch viel Leid erfahren haben.

Döblin war im Ersten Weltkrieg von Januar 1915 bis August 1917 als Militärarzt in Saargemünd stationiert. Wegen einer Auseinandersetzung mit Vorgesetzten wurde er bis Kriegsende ins elsässische Hagenau versetzt.

Döblin berichtet über diese Zeit in Briefen und Postkarten, die in den Briefbänden von 1970 und 2001 veröffentlicht sind. Er beschreibt darin seine Eindrücke von Land und Leuten oder äußert sich über seine persönliche Situation. Damals sind auch zwei Erzählungen entstanden, die sich auf diese Region beziehen. „Das Gespenst vom Ritthof" spielt im heutigen Grenzgebiet zwischen dem saarländischen Blies-ransbach und dem lothringischen Blies-Guersviller. Die Handlung der Erzählung „Das verwerfliche Schwein" ist in dem seit Dezember 1944 wieder französischen Sarreguemines angesiedelt.

Über Döblins Ausflüge an Saar und Blies hat der Saarbrücker Journalist Arthur Friedrich Binz im Oktober 1924 in einem Beitrag für die „Saarbrücker Zeitung" berichtet. In diesem Artikel zitierte er zwei Passagen aus einem Brief Döblins an ihn, der verschollen ist.

Nach dem Zweiten Weltkrieg war Döblin einige Jahre in Baden-Baden tätig, wo er u.a. die Literaturzeitschrift „Das Goldene Tor" herausgab. Einer der Redakteure war Anton Betzner, für dessen Debütroman „Antäus" Döblin im Jahre 1926 ein Nachwort geschrieben hatte.

Das Verhältnis zwischen Döblin und Betzner kehrte sich in den 50er Jahren um: Hatte sich zuvor der Ältere für den Jüngeren eingesetzt, so erinnerte Betzner in den fünfziger Jahren und nach dem Tod Döblins u.a. mit Sendungen bei Radio Saarbrücken an seinen einstigen Förderer. Auf seine Vermittlung hin hielt Döblin im Juni 1952 im Saarbrücker Rathaus eine vielbeachtete Rede über

Europa; es war einer seiner letzten öffentlichen Auftritte.

Siebzehn Briefe hat Döblin in den 40er und 50er Jahren an Betzner geschrieben; Briefe, deren Bedeutung variiert. Manchmal sind es nur wenige Zeilen umfassende organisatorische Mitteilungen, zuletzt mehrseitige, verzweifelte Klagen. Nur zwei dieser Briefe waren bislang publiziert, einer davon auszugsweise.

1940, fünfundzwanzig Jahre nach der Einberufung Alfred Döblins nach Saargemünd, wurde sein Sohn Wolfgang Döblin, ein hochbegabter Mathematiker, als einfacher französischer Soldat mit seiner Einheit in jenem Bliesbogen zwischen dem Deutschen Reich und Frankreich eingesetzt, den sein Vater so oft durchwandert hatte. Weil er – als Jude und Sohn eines bekannten Hitler-Gegners – auf keinen Fall in deutsche Kriegsgefangenschaft geraten wollte, beging Wolfgang Döblin am 21. Juni 1940 in dem lothringischen Weiler Housseras Selbstmord. Siebzehn Jahre später wurden an seiner Seite zunächst sein Vater, nach ihrem Freitod wenige Monate danach auch seine Mutter Erna Döblin beigesetzt. Lothringen, eine Döblin'sche Schicksalsregion.

Dass Alfred Döblin, als deutscher Dichter jüdischer Abstammung mit französischer Staatsangehörigkeit, seine letzten Stationen im deutsch-französischen

Grenzgebiet erlebt und dort begraben wird, ist symptomatisch für sein Leben, sein Engagement und einen nicht unbeträchtlichen Teil seines Schaffens.

Nach diesem Buch greifen dürften vermutlich vor allem Leser, die an Döblin oder an dieser Region interessiert sind. Der Herausgeber hofft, in seinem Nachwort zwischen deren unterschiedlichen Erwartungen einen Kompromiss gefunden zu haben.

Die in den Briefen vorkommenden Namen, Sachverhalte oder Anspielungen werden in den Anmerkungen kommentiert. Da auch im Nachwort solche Erläuterungen erfolgen, kommt es gelegentlich zu Wiederholungen. Diese wurden nach Möglichkeit minimiert, sie waren aber nicht vollständig zu vermeiden.

Ralph Schock

Deutscher Militärarzt im Ersten Weltkrieg

Alfred Döblin (1916)

(bpk)

Briefe 1915 – 1918

Herwarth Walden
(bpk)

Gestellungsbefehl vom 26.12.1914.

„Dr. Döblin Berlin Lichtenberg Frankfurter Allee 194
Sie sind für Lazarett Saargemünd bestimmt, Gestellung
daselbst baldmöglichst. Zuständiges Bezirkskommando
hiervon Nachricht geben. Drahten wann Abreise.
Medizinalabteilung".

(DLM)

Brief vom 3.1.1915 · An Herwarth Walden
(Briefe 1, S. 61ff)

Meine Adresse ist:
Feldpost, geschlossener Brief, unfrankiert.
Dr. A.D., Arzt an der Infanteriekaserne Saargemünd,
Hotel Royal

Saargemünd 3.I.15 Sonntag
Lieber Walden,
Du wirst vermutlich diesen Brief erst am 6. bekommen, die Sachen gehen drei Tage, sonderbarerweise,
obwohl mehrere Schnellzüge täglich mit 16 Stunden
Fahrt laufen.
Nun sitze ich in diesem lothringischen Nest. Ich
sehe keine Autos, keine Droschke; ab und zu einen
Handwagen, bäurische Leute mit schiefen schwarzen Filzhüten, den langen Shawl halbitalienisch um
Hals und Schulter. Kapläne mit dem breiten Jesui-
tenhut und langem faltigen Rock. Rotbäckige Kinder auf den Plätzen; der breite tonvolle Dialekt, der
sich viel Zeit läßt. Ich wohne in einem der drei
Hotels an der Bahn; fünfzehn Minuten gradeaus von
hier ist das Städtchen ganz durchschritten; draußen
liegt unser Lazarett.
Es ist die bayrische Infanteriekaserne, vier längliche Gebäude, weiß getüncht; dazwischen im Carré

die Baracken. Diese Kaserne ist für die inneren Kranken (Gelenkrheuma, Lungenentzünd[un]g, besonders Infektionen, Typhus, Ruhr). Alles kommt aus dem Argonnerwald. Metz liegt nicht weit von hier, wir sind in großer Nähe des Operationsgebietes; es heißt alle Augenblicke, es werden für die Stadt hier die Bestimmungen des Operationsgebietes gelten. Geht man in die Umgebung, so hört man die Kanonen sehr deutlich, wie Schläge auf ein Sofa ein pa[a]r Stock über einem bei offenem Fenster; das Schießen kommt wohl aus dem Oberelsaß.

Meine Uniform ist in zwei Tagen fertig, sie ist obligatorisch hier. Ich bin ordinierender Arzt, habe drei Baracken zu je 20 schweren schweren [!] Fällen. Wir sind 12 Ärzte, an der Spitze ein Chefarzt (Stabsarzt); zwei Berliner Ärztinnen sind drolliger Weise auch hier, freiwillig mit besonderem Vertrag, haben auch Stationen wie wir; also die Ärztenot. Man ißt in einem bestimmten Hotel gemeinsam, – ich mache nicht mit, oder nur gelegentlich. Wer soll diese Gesellschaft in der Nähe aushalten. Sie ist grausig; Kleinbürger, die sich gegenseitig beklatschen, Geschwätz unter einander her tragen. Du weißt, daß das Furchtbarste die Gesinnungsschnüffelei ist; das findet man hier aufs Schönste rechts und links; wie soll ich mit meiner Frivolität und Leichtigkeit in diesen Sachen da aushalten.

„Ich wohne in einem der drei Hotels an der Bahn,
fünfzehn Minuten gradeaus von hier
ist das Städtchen ganz durchschritten."

Auch in anderer Hinsicht ist es nicht sonderlich schön; Militär. Da müßtest Du drunter stecken, dann würdest Du etwas sehen. Unterordnen, aber wem, und worin, und oft wie entwürdigend. Das klingt schön in den Zeitungen; der und der Professor oder Rechtsanwalt tut Dienste als Pferdeknecht, – alles fürs Vaterland. Man sehe sich aber in der Nähe die Motive an, aus denen [Ms.: der] jene oder diese „Unterordnung" verlangt wird. Diese Eitelkeit, diese unverhohlene Freude am Ducken. Wir Civilärzte oder Landsturmärzte spielen eine scheußliche Rolle; unsere Situation ist ungeklärt. Sechs sind wir hier; das Schimpfen ändert nichts. Aber warne jeden, der sich etwa freiwillig als Arzt melden will, ohne gerufen zu sein. Ich bekomme Einblick in – militärische Naturen –.

Dabei wollte ich Dich übrigens um etwas ganz Besonderes bitten. Wir sind hier mit dem fehlenden Telephon, dem schlechten Briefverkehr etwas auf dem Isolierschemel. Ich erwähnte eben: unsere Lage ist ungeklärt. Ich hatte mich, wie Du weißt, etwa eine bis zwei Wochen vor meiner Abreise freiwillig für Belgien und Frankreich gemeldet. Der ungediente Landsturm meines Jahrgangs 1878 war damals nicht aufgeboten oder gar einberufen in Berlin. Im Moment nämlich, wo mein Jahrgang rankommt, erlischt meine Freiwilligkeit und meine militärische Situation ist geändert. Ich halte es nach meinen jetzigen Erfahrungen für ausgeschlossen, daß ich als Landsturmmann einberufen bin; auch als ich mich auf dem Bezirkskommando in Berlin meldete, sagte man mir, ich unterstünde mit meinem Jahrgang noch garnicht der Militärbehörde, sondern hätte mich dem Civilvorsitzenden der Ersatzkommission Berlin-Lichtenberg zu melden, wenn ich weggehe; dies schrieb man mir dort sogar auf. Hier nun, in Saargemünd wie in Saarbrücken, wo unser Generalkommando des 21. Korps ist, wurde mir bei meiner Ankunft schlankweg gesagt: „Jawohl, in Berlin ist Ihr Jahrgang auch dran; von einem Vertrag, den wir mit Ihnen zu machen haben, ist gar keine Rede, Sie sind Landsturm und als solcher einberufen." Ich bestreite das. Mir ist davon nichts bekannt. Bitte also: erkundige dich, genau, auf dem Bezirkskommando (Berlin General Papestraße) oder beim Generalkommando III. Armeekorps Lützowufer Berlin oder auch beim Civilvorsitzenden der Ersatzkommission, der Du oder etwa Kurtchen angehört, ob *1878 ungedienter Landsturm schon einberufen ist oder ob ein einzelner dieses Jahrgangs einberufen werden darf aus Berlin.* Es ist, ich zweifle nicht daran, absolut falsch und dient nur dazu, unsere Gehälter zu drücken. […] Gib mir möglichst rasch authentischen belegten

Bescheid. Mein Gehalt ist noch nicht geregelt; aber sie sind bei andern so verfahren. Mir liegt sehr viel an dem Geld, das wirst Du begreifen. [...]

Herwarth Walden:
Dt. Schriftsteller u. Verleger (1878–1941). Förderte v.a. die dt. lit. Avantgarde des 20. Jahrhunderts. 1910–1932 Hg. der zus. mit D. gegr. express. Zeitschrift „Der Sturm". Trauzeuge bei D.s Hochzeit am 23.1.1912.

bayrische Infanteriekaserne:
Mehrere dt. Länder (Preußen u. Bayern, auch Baden u. Mecklenburg) unterhielten Garnisonen im Reichsland. Nach Kriegsausbruch wurden die Einberufenen nach Bedarf eingesetzt, nicht mehr nach ihrer Herkunft.

Argonnerwald:
Südl. Ausläufer der Ardennen, Waldgebiet zwischen Maas u. Champagne. Das Gebiet war während des Ersten Weltkriegs Schauplatz heftigster Kämpfe. D.s Bemerkung bezieht sich auf die Folgen der für beide Seiten äußerst verlustreichen Kämpfe von Mitte Dez. 1914.

Metz:
Hauptstadt des Bezirks Lothringen im Reichsland Elsaß-Lothringen, etwa 60 km entfernt von Saargemünd.

ungedienter Landsturm:
Durch das Wehrpflichtgesetz von 1888 waren im Deutschen Reich alle nicht in Heer oder Marine berufenen Wehrpflichtigen zwischen dem 17. u. 42. Lebensjahr im sog. Landsturm erfasst. Landsturm 1 betraf die Männer bis 39 Jahre (darunter D.), Landsturm 2 die Älteren. Die bereits in Heer oder Marine ausgebildeten Wehrpflichtigen des Landsturms 1 wurden unmittelbar eingezogen; die militärisch noch nicht Ausgebildeten (D. gehörte zu ihnen) hatten zuerst eine Musterung zu durchlaufen. Nach einem entsprechenden Aufruf waren alle betroffenen Männer verpflichtet, sich in die sog. Landsturmrolle eintragen zu lassen. Einige Wochen vor dem Waffenstillstand, am 18. August 1918, wurde der landsturmpflichtige Militärarzt D. zum Kriegs-Assistenzarzt ernannt. Vgl. Abb. S. 87.

Kurtchen:
Kurt Neimann (1877–1944), Jurist, gemeinsamer Jugendfreund von D. u. Herwarth Walden, im KZ ermordet. D. kannte ihn vom Köllnischen Gymnasium in Berlin.

Generalkommando des 21. Korps:
Das 21. Korps wurde am 1.12.1912 neu zusammengefügt. Es residierte – lt. Auskunft des Landesarchivs Saarbrücken (Mail vom 1.12.2008) – in der Winterbergstrasse 7.

Postkarte vom 26.1.1915 · An Herwarth Walden
(Briefe 1, S. 63f)

Feldpost [Saargemünd] 26.I.

Lieber Walden,

hier hast Du mein Bild. Inzwischen gehts mir viel besser, ich wachse in das Milieu mehr hinein. Ich wohne privat, habe sogar ein Klavier. Die Gegend ist bildschön, ich mache Ausflüge mit zwei Kollegen, wenig Arbeit, viel Ländlichkeit, faktisch wie ein Badeaufenthalt, sofern man das Dienstliche ignoriert. [...]

wohne privat:
Lt. Melderegister wohnte D. seit dem 26.1.1915 in der Marktplatzstraße 7 („bei Roether"). Vgl. Abb. S. 81.

*Eines Tages ließ sich bei meinem Vater der in der Nähe
stationierte Stabsarzt Alfred Döblin eine neue Uniform
schneidern (Max Ophüls).*

(bpk)

Postkarte vom 26.1.1915 · An Meta Goldenberg
(Briefe 2, S.25f)

[Textanfang fehlt] … in ein sehr nettes Haus, habe zwei kleine Zimmer, mit Klavier. Die Gegend ist bildhübsch; man sagt mir, daß ich mich hier ordentlich erhole. Für Erna und Peterchen wäre es auch sehr nett, hoffentlich kommt Urselchen bald. […]

Meta Goldenberg:
D.s ältere Schwester (1874–1919), die während des Kapp-Putschs ums Leben kam. Sie wurde, so D., „bei den Lichtenberger Unruhen von einem Granatsplitter getroffen, als sie vormittags aus ihrem Haus trat, um Milch für ihre kleinen Kinder zu holen". Vgl. Althen, Döblin 2006, S. 38.

Erna:
D.s Frau Erna Charlotte, geb. Reiss (1888–1957); die Hochzeit hatte am 23.1.1912 stattgefunden.

Peterchen:
D.s ältester (ehelicher) Sohn (1912–1994).

Urselchen:
D. wünschte sich eine Tochter, die Ursel heißen sollte. Am 17.3.1915 wurde allerdings sein zweiter (ehelicher) Sohn Wolfgang geboren.

Der Text der Postkarte ist – lt. Briefe 2, S. 468 – überliefert durch eine Abschrift in der Sammlung Huguet (DLM). Der Verbleib des Originals ist unbekannt. Es dürfte sich dabei um die Karte handeln, die D. am gleichen Tag auch an Walden schickte.

„Gefangen unter Soldaten, Oberstabsärzten und anderen halbabgestorbenen Cholerikern."

Alfred Döblin: 4. von links.

(Stadtbibliothek Wuppertal)

Brief vom 31.1.1915 · An Herwarth Walden
(Briefe 1, S. 64ff)

[Saargemünd] Sonntag 31.I.15

[…]

Den „Sturm" lese ich mit Vergnügen und habe ihn
bekommen. Die Sache ist mit allen Briefen etc so, daß
ab und zu alle Sendungen über Metz gehen, dort
offenbar kontrolliert werden, sich verzögern, liegen
bleiben. Für nicht „Feldpostbriefe", die also offen
schwimmen, herrscht eine scharfe Kontrolle; so
erzählte uns ein Amtsrichter im Hotel, – der aus
einem jetzt von Franzosen besetzten Ort irgendwo im
Elsässischen stammt, – daß er einen Brief zurückbe-
kam, in dem er schrieb: „wann wird dieser fürchter-
liche Krieg aufhören?", der Brief war, wie mir scheint,
aber mit Recht so censuriert worden, denn er sollte
ins Ausland; man hätte draußen „flugs" einen schau-
erlich tiefsinnigen Stimmungsartikel über „Deutschlands Lage" draus fabriciert. Daß die Franzosen im
Elsässischen sich alle Sympathieen verscherzt haben
sogar bei den unsicheren Kantonisten, hörte ich aus
einer anderen Erzählung, die aus der Mülhausener
[Ms.: Mühlhausener] Zeit stammt; da trat ein Fran-
zose in ein Gehöft, das einem Verwandten meines
Unterredners gehörte, der Bursche packt die Magd
an, die ihm einen Tritt giebt; Tags drauf geht der

Strolch mit der Flinte vorbei, knallt das Mädel nieder; der Herr erzählte auch, daß in der Gegend Leute, die sonst kaum ein Wort Deutsch in den Mund genommen hatten, jetzt auf die offenbar bestialisch auftretenden Franzosen spucken. Ich habe danach überhaupt den Animus, daß wir viel zu anständig von den Franzosen denken. Sonderbar berührt dabei in diesem Nest hier, wie viel französische Namen, Vornamen es noch giebt; ich habe Ansichtskarten gekauft, auf denen 1914 noch steht Vue de Saarguémines [!]!, ebenso Porzellan mit Saarguémines signiert. Eine dolle Komödie für uns Preußen. Erst jetzt wird energisch auf Schildern verdeutscht, es scheint mit polizeilicher Nachhilfe; es ist schauderhaft, daß sowas nötig ist, wenn man die Selbstkorrekturen in Berlin kennt. Ich habe, – unglaublich aber wahr, – im Kino hier französische Filme (Pathé und Gaumont) mit dem bekannten nickenden gallischen Hahn vor 2 Sonntagen gesehen, ohne das gelle Pfeifen zu hören, das in Berlin mit erfreulicher Promptheit aufgetreten wäre; französische Soldaten zogen in einem Romanfilm vorüber, – und kein Deibel hat mit Steinen geschmissen. Wie gesagt, es bleibt da verschiedenes totalement unverständlich. Andererseits ist das außerordentliche Kriegsgericht, das in diesem Gebiet arbeitet, famos scharf; ich lege Dir einen Ausschnitt aus der heutigen Nummer der „Saarbrücker Zeitung" bei. – Man sieht freilich vieles, das an das „Grenzland" erinnert; Du hörst einen Tonfall, wie er bei den Flamen auftritt, unglaublich melodisch und reizvoll, lauter abgeschliffene Ecken, der Ton wechselt in *einer* Silbe schon; Du siehst die Mädchen mit Ponys dicht über der Nase, viele Männer mit Schirmmützen, den mächtigen Wollschal über den Hals, über den Rücken herunterhängend, sackartige Jacken. Ein sonderbarer Mischmasch von Volk, höflich, freundlich, auch zu uns in der Uniform, aber wer kennt die Gesinnung. Ich lebe im Übrigen, still und friedlich, habe zwei behagliche Privatzimmer mit Klavier. Lese, schreibe, spaziere. Es ist mehr Geselligkeit natürlich als in Berlin für mich; manchmal zu viel, zu viel. Aber ich bin jetzt so quasi im Geleise. […]

Den Sturm lese ich mit Vergnügen:
Vermutl. handelt es sich um Nr. 19/20 (1. u. 2. Jan.-Heft) des 5. Jgs. Der Erscheinungstermin war in der Ausgabe zuvor (Nr. 17/18, Dez. 1914) für den 15.1.1915 angekündigt worden. Offenbar hatte die Zensur die Zeitschr. trotz der abgedruckten kriegskrit. Gedichte von August Stramm u. Kurt Heynicke passieren lassen.

von Franzosen besetzten Ort:
Der südliche, rein französischspr. Teil des Elsass (Sundgau) gehörte nicht zum Reichsland Elsaß-Lothringen.

Animus:
Ahnung, Eindruck.

Pathé und Gaumont:
Zwei bedeutende frz. Filmproduktionsfirmen zu Beginn
des 20. Jahrhunderts. Vor dem Film wurde ein Vorpro-
gramm gezeigt, das mit einem krähenden Hahn begann.

Ausschnitt aus der heutigen Nummer:
D. hatte den Artikel aus der bereits zwei Tage alten Zeitung
ausgeschnitten.

Gerichtssaal.
Wegen Spionage zum Tode verurteilt und erschossen.

zb. **Hohensalza,** 25. Jan. Vor einem zu Wloclawek zusammen-
getretenen Feldkriegsgericht war vor einigen Tagen der russische
Schauspieler Jan Windik, mit dem Künstlernamen Reci,
aus Wloclawek wegen Spionage angeklagt. Windik war
österreichischer Untertan und in Krakau geboren, hielt sich aber schon
30 Jahre in Russisch-Polen auf, wo er in den großen Städten Lodz,
Kutno und Wloclawek Vorstellungen gab. In letzter Zeit ernährte
er sich von Gesang- und Tanzunterricht. Er wurde verhaftet, als
Wloclawek zum zweiten Male von den Deutschen besetzt wurde.
Natürlich bestritt er die Spionage. Er erzählte, daß in Wloclawek
nach dem Rückzug der Deutschen der Kosakenoberst v. Keller mit
seinen Truppen eingezogen sei. Dieser habe ihn, den ehemaligen
Theaterdirektor, aufgefordert, zur Unterhaltung der Offiziere Vorstellungen zu geben. Da der Schauspieler Mangel an Dekorations-
stücken und Requisiten vorschützte, sandte man ihn nach Warschau
und gab ihm einen Brief an den Generalsekretär des Vereins für
Volksbildung mit, der ihm das Gewünschte verabfolgen sollte. Dieser
Generalsekretär war aber, wie unzweifelhaft festgestellt ist, der Sekretär des Hauptspionagebüros in Warschau, an dessen Spitze
der russische Generalstabsoffizier v. Terekow stand. Hier hielt
sich nun Windik, trotzdem ihm der Zweck des Büros bald klar war,
volle drei Wochen auf. Jedenfalls ist er in dieser Zeit in alle Ge-
heimnisse eingeführt worden. Windik gab zu, daß ihn der Sekretär
ersucht habe, ihm bei einer etwaigen zweiten Besetzung von Wloclawek Nachrichten über die Stärke der Deutschen zukommen zu lassen.
Zu diesem Zwecke wurde eine Deckadresse verabredet. Zur wirklichen Spionage ist es infolge der rechtzeitigen Verhaftung nicht gekommen. Windik wurde vom Feldkriegsgericht zum Tode ver-
urteilt. Auf seine Bitte wurde ihm gestattet, ein Gnadengesuch
an den Kaiser abzusenden. Das Gesuch ist indessen nach Prüfung
der Sachlage abgelehnt worden. Bald darauf ist Windik er-
schossen worden.

Saarbrücker Zeitung, 29.1.1915

Brief vom 6.3.1915 · An Edda Lindner
(Briefe 1, S. 66f)

Saargemünd (Lothringen)
Lazarett Infanterie Kaserne 6.III.15

[…]

Ich habe eine sehr rasche Verwandlung aus einem gewöhnlichen Doktor in einen Offizier gemacht; es ist ein drolliges Theater noch jetzt für mich, wenn die Soldaten stramm stehen vor einem, alles fliegt, wenn man nur den Mund aufmacht. Wenn ich Ernstchen in Berlin begegne, lasse ich ihn auch sofort stramm stehen, mindestens eine halbe Stunde lang.

Das ist hier ein kleines lothringisches Nest, noch verdammt stark mit französischem Einschuß; wir haben große Lazarette hier, für Verwundete, für Innerlichkranke, für Seuchenkranke. Unser Typhus-Ruhr-etc Lazarett hatte 500 Kranke, die Epidemie ist jetzt fast erloschen in unserem Heere, die Patienten werden von hier in Genesungsheime überführt, jetzt haben wir noch knapp 200. Es ist fabelhaft, was für die Leute getan wird, kein Privatkrankenhaus kann mehr leisten, an Pflege, Ernährung, jeglicher ärztlicher und medikamentöser Behandlung. Die Leute hier kommen alle aus dem Argonnerwald; im Beginn des Stellungskampfes herrschten dort natürlich an Wasserläufen, Bächen die ungesündesten hygienischen Verhältnisse, sich waschen war eine [Un]Möglichkeit, man trank, was sich fand, so brach der Typhus aus. Hier in Lothringen herrschte er auch in einigen Bezirken, schlimmer herrschte er noch besonders in Belgien. Unter unseren Leuten sind interessante Kerle; mein Stationsschreiber ist sonst katholischer Pfarrer, mein erster Krankenpfleger Rechtsanwalt aus München, ein anderer Rotkreuzpfleger Student der Medizin; eine Schwester der Station Tochter eines wirklichen Geheimrats; der erste Unteroffizier des Lazaretts ist im Civil Methodistenpfarrer; mein Spezieller, glaube ich, im Civil Trunkenbold. Prächtige Kerls unter den Patienten, durcheinander sämtliche Stände, und das hockt zusammen, macht Harmonikamusik, ist vergnügt und wie eine Gesellschaft großer Kinder. Wie begeistert viele vom Bajonettangriff sind! Einer, mit dem Eisernen Kreuz, erzählte mir, er kenne nichts Schöneres als mit dem Bajonett rennen und zustoßen. Leben und Tod, im Frieden so unterschieden, bedeutet den Leuten meist kaum etwas; die Gleichgültigkeit dafür liegt so in der Luft; sie erzählen vom Fallen als wenn es nichts wäre. […]

Edda (Lindwurm-)Lindner:
Nichte von Else Lasker-Schüler, der ersten, 1912 geschiedenen Frau von H. Walden.

Ernstchen:
Dr. Ernst Neimann, Chemiker. Bruder v. Kurt Neimann; vgl.
Anm. zum 3.1.1915.

mein Spezieller:
Der Bursche D.s.

„Ich war froh, als ich der trüben Gesellschaft
meiner ‚Kollegen' entrann und eine eigene Wohnung
hatte in der Neunkircherstraße 19."

(ars)

Brief vom 7.3.1915 · An Herwarth Walden
(Briefe 1, S. 68ff)

Lieber Walden,

es ist ein stiller Sonntag Nachmittag, ich muß Dir
mal wieder schreiben. Unser und auch mein Leben
verläuft hier eigentlich recht monoton; unsere Kranken sind zum größten Teil wieder gesund, von 500
haben wir noch kaum 150 im Infektionslazarett,
Nachschub ist zwar angekündigt, aber doch sehr
fraglich. Es heißt, wir kriegen Verwundete. Du wirst
Dich wundern, daß wir Ärzte Personal etc und der
ganze große Apparat so für ein paar Kranke beste-
hen bleibt; aber das ist das Charakteristische;
es kommt garnicht darauf an; dieser Auffassung
begegnet man immer; wir müssen parat, Reserve
sein. […] inzwischen gab es die großen Gehälter,
mobiles Gehalt. Ich bekomme an 600 M monatlich,
dazu kommt, – das wird eben erst festgestellt nach
den Bestimmungen, – noch an 100 Service und Bur-
schengeld. Dolle Gehälter zahlt unser Inspektor
so monatlich aus. Wenn wir siegen, kommt alles
dreidoppelt ein, und wenn nicht, ist nichts bei
uns zu holen; tsching bum tarah! Denk Dir mal die
eminenten Lazarettlager, die wir so haben, dieses
Vermögen, das bei uns so in Gummikissen, Wasser-

kissen, in Bettstellen investiert ist. Es wird alles und jedes für die Patienten geleistet, ein Plus in Pflege, Kost, ärztlicher Versorgung ist von der Etappe ab nicht denkbar; es ist alles für sie da und jegliches nicht Vorhandene wird beschafft. Von uns kommen die Leute noch in besondere Genesungsheime. Geld kann im Krieg kein Argument sein, wenigstens nicht bei uns und in solchem Krieg. […]

Du mußt Dir übrigens mal vorstellen die Tätigkeit eines Kriegsarztes als wie ich; – und wie mir geht es hundert oder tausenden jetzt, man ist immer nur ruckweise und dann enorm und über alle Kraft beschäftigt –: Morgens um $^1/_2$ 10 eine Visite, Dauer 10 Minuten: „Stramm gestanden, Morgen, alles wohl?" „Jawoll!" „Morgen, adiö, übermorgen." Schluß, für den ganzen Tag, denn Nachmittags kann ich doch nicht „Morgen" sagen. Ergo wanzt man im Lazarett so überall herum, geht nach Hause, schimpft über das Roastbeef, kontrolliert das Thermometer; ich spiele Klavier, andere Skat, andere keins von beiden und so vergeht die Zeit, bis der erste naht und man heimlich auf Gehaltserhöhung, ev. das Eiserne Kreuz reflektiert. Wenn man garnicht weiß, was man machen soll und der Ernst der Zeit einem klar vor Augen steht, schafft man sich einen Darmkatarrh oder stärkeren Schnupfen an, meldet dies als Dienstunfall, reflek-

tiert abermals auf das Eiserne Kreuz und Gehaltserhöhung. Wir teilen uns in zwei Gruppen, die
einen sehen die Lage rosenrot an, die andern pech-
schwarz, die einen heißen unkritische Optimisten
und ganze Laien, die andern Mießmacher und
halbe Vaterlandsverräter. Diese Unterschiede in
der Weltanschauung werden allabendlich vor den
Generalstabsbulletins entwickelt, steigen zu einer
gewissen Höhe, um sich in einem regelrechten
Skat zu entladen. Selbständige Gesinnung und Ori-
ginalität im Handeln beweist man dann, indem
man das Menu ablehnt und à la carte ißt; wer ganz
kriegerisch ist, kauft sich ein paar Sporen, die an
seine Stiefel passen, und sieht kritisch hinter einem Pferde, im Notfall auch hinter einem Auto her;
der Weltmann duzt die Annie im Lokal und bläst
ihr den Tabakrauch ins Gesicht. Ja, so ist der Krieg.
[…]

Brief vom 23.3.1915 · An Herwarth Walden
(Briefe 1, S. 70f)

[Saargemünd] 23.III.

[…]

Ja, ich habe jetzt ja nun allesamt hier. Wir wohnen eng (3 Zimmer, Küche, Mädchenst[ube], Bad), möbliert von einer französischen Familie, verflucht stillos, kostet 80 M monatlich. Ich brauch nicht mehr unter Kollegen und ins Wirtshaus gehen, wenn ich nicht will. Freilich ist ab und zu zu Hause dafür etwas viel kleines Geschrei, zuweilen von dem sehr niedlichen Kleinsten auch nachts; wir lassen ihn nächstens photographieren. Meine Frau ist sehr zufrieden, geht viel ins Freie mit dem Peterchen, auch ein Gärtchen mit Sandhaufen für das Kind ist da. Ich habe etwas mehr zu tun; wir haben zwar keine Infektionen, aber allerlei Innere Krankheiten, wie begreiflich, nachdem der ältere Landsturm mit raus ist, der immerhin viel zweifelhaftes Gemüse enthält; da klappt mancher zusammen, mancher ist zu beobachten. 55 Mann sind jetzt bei mir.

Sonst: Meine Frau ist bald mit der Abschrift der „Dampfturbine" fertig, ein doch recht dickes Buch. Dumm, ein paar kleinere Sachen, die ich geschrieben habe, habe ich noch nicht fertig, ich wollte Dir ja was schicken; es fehlt der letzte Mumm. Zu einem neuen Buch will ich jetzt vorarbeiten; man muß sich doch auch außer„beruflich" beschäftigen, – aber hier verläppert der Tag in Kleinigkeiten; ehe ich aufstehe, ist es schon übermorgen.

Kommt nun der entscheidende Moment im Kriege? Ich glaube nicht. Ich sehe kein Ende ab, bin freilich auch nur durch Zeitungen informiert. „Wer soll anfangen?" muß man mit dem ollen Tolstoi fragen, ich meine anfangen mit dem Aufhören, wo sich alle so ums Prestige reißen. Wenn wir jetzt Rußlands Heere zerschmettern – das wäre was; von der bloßen Einnahme der Festungslinie versprech ich mir keinen Separatfrieden. Denk mal, überall ist der alte Landsturm draußen, überall kommen bald die jungen Jahrgänge rein oder sind schon drin, – das Geld, wo hat man noch welches, –; es muß eine Machtpartei tief geknickt werden, sehr sehr tief; sonst ist nichts zu hoffen; ich schätze, der Winter vergeht darüber. Nachher jappsen wir alle ein Jahrzehnt.

[…]

allesamt hier:
Erna D. war am 23.3.1915, eine Woche nach Wolfgangs Geburt, nach Saargemünd gekommen.

Wir wohnen eng:
Vermutlich hatte D. in dem Haus in der Marktplatzstraße 7, wo er seit 26.1. zwei Zimmer bewohnte, weitere Räume angemietet.

Dampfturbine:
Ein geb. Ex. des Typoskripts mit einem Umfang von 430 S. befindet sich – lt. Briefe 1, S. 526 – im Nachlass. Es trägt den Titel „Die Dampfturbine – Berliner Roman". Das Buch erschien im Juli 1918 bei S. Fischer unter dem Titel „Wadzeks Kampf mit der Dampfturbine".

neues Buch:
Damals erwog D. versch. hist. Romanprojekte, bevor er sich für den Wallenstein-Stoff entschied.

Wer soll anfangen:
Anspielung auf eine bekannte Briefpassage Tolstois. Unter dem Eindruck der unsäglichen Bedingungen an russ. Dorfschulen hatte er geschrieben: „Wenn ich eine Schule betrete und diese Menge zerlumpter, schmutziger, ausgemergelter Kinder mit ihren leuchtenden Augen sehe, überkommt mich eine Unruhe und ein Schrecken. […] Wie soll man sie nur herausziehen! Und wen zuerst, und wen später?", aus: Leo Tolstoi: „Briefwechsel mit der Gräfin A. A. Tolstoi (1857–1903)", Georg Müller, München 1913, S. 279. Zur Beziehung D.s zu Tolstoi vgl. Schriften Leben, S. 551.

„Freilich ist ab und zu zu Hause etwas viel kleines Geschrei,
zuweilen von dem sehr niedlichen Kleinsten auch nachts;
wir lassen ihn nächstens photographieren."
Erna Döblin mit Wolfgang, Alfred Döblin und Peter
(April 1915)
(DLM)

Postkarte vom 22.4.1915 · An Herbert Döblin
(Briefe 2, S. 26)

[Saargemünd] 22.IV.

Sehr geehrter Herr,

hier empfehle ich Ihnen eine Ansicht der erbeuteten Kanonen. Ihnen und Ihrem Herrn Bruder geht es hoffentlich gut. Mir auch.

Das wünscht Ihnen Ihr Onkel F. väterlicherseits.

Herbert:
Herbert Döblin (1902–1963), einer der Söhne von D.s Bruder Hugo (1876–1960). Der 'sehr geehrte Herr' war 13 Jahre alt.

Onkel F.:
Briefe an die Familie unterschrieb D. häufig mit Fred oder F.

uf dem Neumarkt in Saarbrücken aufgestellte
Lagarde eroberte französische Geschütze

Es handelt sich vermutlich um diese Postkarte, die, in hoher
Auflage gedruckt, einige der bei Lagarde eroberten u. in
Saarbrücken ausgestellten frz. Geschütze zeigt.
Die Originalkarte existiert nicht mehr, der Text ist durch eine
Abschrift von Huguet im DLM überliefert (Briefe 2, S. 468).
(ars)

Brief vom 10.5.1915 · An Herwarth Walden
(Briefe 1, S. 71ff)

[Saargemünd] 10.V.

[…]

Was meinst du, wie lange dauert die Kriegsaffaire noch? Ein halbes Jahr, ein Jahr, zwei Jahr? Ach wer weiß. Weißt Du was, hast Du Ahnung? Oh dies Italia; dieser Rattenkönig von Kriegen; es scheint, unsere Keile schmeckt so gut, daß sich noch mehr dazu drängen müssen, – und es ist doch so langweilig. Manchmal sieht es aus, als ob die Affaire erst ordentlich losgehen soll. Es ist so schöner Frühling; es könnte fabelhaft schön in der Welt sein, ich dürste nach bürgerlicher Existenz. Wir warten hier, warten, wissen nicht, was aus uns wird.

Ja ich lese und schreibe. […]

Schreiben: mehrere kleine Märchen, resp. märchenartige Erzählungen von der Art wie ich sie Dir einmal letzten Sommer vorlas; ganz fertig ist noch nichts. Nicht lange später will ich dann wieder zu einem großen Schlage ausholen, – vielleicht wird es der „Ölmotor" als Fortsetzung der „Dampfturbine", vielleicht etwas Massiveres, das mir im Kopf herumgeht, mit historischem deutschen Boden, um 1847/48; wäre ich in einer Stadt, wo ich Bibliotheken hätte!

Ich glaube nicht, daß ich hier noch lange bleibe. Das Lazarett ist gänzlich geräumt, der größte Teil Ärzte und Personal schon in alle Welt verschickt. […]

Italia:
Italien war vor Ausbruch des Ersten Weltkriegs im sog. Dreibund mit Deutschland u. Österreich-Ungarn vereint, aber 1914 verweigerte das Land die Beteiligung am Krieg u. sympathisierte mit der Entente, der Italien am 23.5.1915 schließlich beitrat.

Rattenkönig:
Mehrere (bis zu 25 Exempl.) mit ihren Schwänzen verknotete oder verklebte Ratten. Gilt als böses Omen.

mehrere kleine Märchen:
Die Texte, darunter „Das Gespenst vom Ritthof", sind gesammelt in dem Band „Die Lobensteiner reisen nach Böhmen"; vgl. Anm. zum 17.1.1916.

Ölmotor:
Das Projekt wurde nie realisiert.

Dampfturbine:
Vgl. Anm. zum 23.3.1915.

etwas Massiveres um 1847/48:
D. plante in dieser Zeit versch. hist. Projekte; so sind neben Studien zum Mittelalter (vgl. Anm. zum 20.11.1915) im Marbacher Nachlaß auch Aufzeichnungen zu den Kriegen von 1866 u. 1870/71 überliefert.

Postkarte vom 29.8.1915 · An Herwarth Walden
(Briefe 1, S. 73)

[Saargemünd] 29.8.15

[…]

nun ist mein Buch complett und wird gebunden. Bei uns ist alles wohl und mobil. Ich schicke Dir morgen eine kleine Novelle oder Geschichte: „Gespenst vom Ritthof". […]

mein Buch:
Wohl das Typoskript des Romans „Dampfturbine" (vgl. Anm. zum 23.3.1915).

„Gespenst vom Ritthof"
Die Erz. („Das Gespenst vom Ritthof") ist veröffentlicht in „Der Sturm" Nr. 13/14 (1. u. 2. Oktoberheft 1915), S. 80f, hier S. 103ff. Unmittelbar neben der Erzählung (S. 81f.) ist unter der Überschrift „Zwei Briefe – Saargemünd (Lothringen)" eine Korrespondenz D.s mit dem Schriftsteller Adolf Knoblauch (1882–1951) aus dem Sturm-Kreis abgedruckt. D. erklärt mit einem „unerwarteten Übermaß an Lazarettarbeit […] in den letzten Wochen" die verzögerte Lektüre von dessen Buch „Die schwarze Fahne – Eine Dichtung".

Postkarte an H. Walden vom 29.8.1915: mit Ordonnanz.
„Mein Spezieller ist, glaube ich, im Civil Trunkenbold."
(bpk)

Brief vom 12.9.1915 · An Herwarth Walden
(Briefe 1, S. 75)

[Saargemünd] 12.IX.15

[…]

Im Übrigen Ruhe, und garnichts von Belang.

[…]

Meine Adresse ist: Neunkircherstraße 19.

Meine Adresse:
Die Straße, die zu dem Saargemünder Vorort Neunkirch
führt, heißt heute ,Rue du Maréchal Foch'. D. war bereits
am 17.6.1915 umgezogen. Wieso er erst drei Monate später
Walden seine neue Adresse gibt, ist unklar. Vielleicht hatte
der Freund die Post noch an die frühere Adresse geschickt.

„Furchtbarer Trubel natürlich hier; ich wohne aber, schlau,
zwei Stock höher in absoluter Tag- und Nachtruhe."
Saargemünd, Neunkircherstraße 19
(Foto Adrienne Schock)

Brief vom 20.11.1915 · An Herwarth Walden
(Briefe 1, S. 78f)

Lieber Walden,

es zieht sich eben hier alles ins Einerlei, und daher habe ich wenig zu erzählen. Saargemünd ist sehr klein, ich habe sehr monotonen, übrigens ganz kräftigen Dienst, da passiert wenig. Seit 1–2 Monaten mache ich Vorstudien zu einem Buch aus dem Mittelalter vor der Reformation; sehr strapaziöse Sache, weil hier keine Bibliothek ist, ich alles aus Straßburg mir schicken lasse, – und wie vieles giebts da nicht; da vermisse ich Berlin gräßlich. […]

Meine Novellen „Lobensteiner" habe ich Müller gegeben, da Fischer sich nicht binden wollte für auch nur einigermaßen absehbaren Termin, der Band kommt Frühjahr 16 heraus, 1000 Exemplare Vorausbezahlung 20 %. Das ist doch zur jetzigen Zeit recht hübsch.

Zum Auswachsen ist der Krieg. Er wächst mir zum Halse heraus. Er wird ja sicher von Woche zu Woche interessanter, aber, aber. Wer soll das durchhalten, ewig Schlachten, Kriegsschilderungen; die Spannung hat sich zur Langeweile besänftigt und geklärt, sozusagen. Ich bin offenbar zu klein für diese große Zeit; machst Du noch mit? Puh!

Im Übrigen: zu Hause hier gehts gut; etwas eng ist es, dafür trampelt auch einer dem anderen auf die Füße. [...]
Heute erfahre ich plötzlich, daß ich einer mobilen Truppe hier angehöre; ich habe davon noch nichts gemerkt, das Gehalt soll aber höher werden, heißt es. [...]

Vorstudien zu einem Buch aus dem Mittelalter:
Lt. Marbacher Ausstellungskatalog (4. veränd. Aufl. 1998) beschäftigte sich D. damals im Zus.hang mit einem unveröffentl. gebliebenen Roman mit der „Zeit der Kreuzzüge, den Streitigkeiten im syrischen Frankenstaat und dem Untergang von Byzanz" (S. 19). Ergebnis dieser Recherchen waren etwa die Erz. „Der vertauschte Knecht", oder im „Hamlet"-Roman die Erz. „Die Prinzessin von Tripoli". Im Nachlaß D.s (DLM) ist das sog. „Byzanz"-Konvolut überliefert.

aus Straßburg mir schicken lasse:
D. war an der Straßburger Bibliothek seit dem 27.6.1915 als Benutzer eingeschrieben; die benötigten Bücher wurden ihm zugeschickt. Die 1621 gegr. Universität war 1871 als Kaiser-Wilhelm-Universität wiedergegründet worden. Bei der Belagerung u. Bombardierung Straßburgs wurden bedeutende Bibliotheksbestände vernichtet. Diese Verluste wurden mit Buchspenden aus dem Deutschen Reich zu kompensieren versucht.

Meine Novellen:
Vgl. Anm. zum 17.1.1916.

Brief vom 22.12.1915 · An Herwarth Walden
(Briefe 1, S. 81f)

[Saargemünd] 22.XII.15

[…]

Ehrenstein schreibt, Berlin sei jetzt sehr still und wienähnlich. Stimmts? Wie stellst Du jetzt die Prognose des Kriegs, was geht mit Griechenland vor und was weiter? Siebenjähriger oder dreißigjähriger Krieg? Erzähl mir mal, wenn Du Informationen hast; hier hört man nichts. […]

Ehrenstein:
Albert Ehrenstein (1886–1950), österr. express. Lyriker, Nachdichter u. Erzähler. Mit D. bekannt. Weil er militärisch nicht verwendungsfähig war, wurde er ins Kriegsarchiv nach Wien dienstverpflichtet.

Griechenland:
Das Land blieb bei Ausbruch des Kriegs zunächst neutral, später trat es der Entente bei.

Die Marktplatzstraße war die Verbindung vom Marktplatz
zur Friedenstraße (oben links). Das Haus Nr. 7 war das
linke Eckhaus an der Einmündung in die Goldstraße, das
heute durch einen Neubau ersetzt ist.

(ars)

Brief vom 17.1.1916 · An Herwarth Walden
(Briefe 1, S. 82)

Saargemünd 17.I.16

Lieber Walden,

zuvor: ich wünsche Euch ein schönes neues Jahr, – Expansion, Macht und Triumph auf der ganzen Linie. Ich habe Dir eine Handvoll Cigaretten schlimmster Sorte geschickt; sie sind im Elsaß, – natürlich nur der Tabak – gewachsen; wenn Du sie rauchst, steht Dir hoffentlich nicht so der Schweiß vor der Stirn wie mir bei diesem grausigen Knaster. Politisches, Literarisches giebts nichts bei mir von Belang. Mit Müller habe ich meinen Novellenvertrag abgeschlossen. (1 Auflage voraus, 20 %). Jetzt schreibe ich selbst nichts; vielleicht hast Du mal wieder ein Buch, über das ich herfallen kann; ich brauche einen Reiz; eine gräßliche Wassersuppe von Heinrich Mann habe ich gelöffelt: „Die große Liebe", Drama, so was Dünnes ist mir lange nicht unter die Finger gekommen resp zwischen die Lippen; eine so ohnmächtige Plempe mit Kleister angerührt: ich schaudre; mir scheint, der Mann kommt nicht mehr in Frage.

Ich habe sonst schwere Arbeit, seit wir Etappenlazarett sind; dieser Wechsel der Leute, immer nur Durchschub und dann sogleich aufgefüllt Neue. […]

bei diesem grausigen Knaster:
Seit dem Mittelalter wurde überall im Elsass, v.a. auf dem nordwestl. von Straßburg gel. Kochersberg, Tabak angepflanzt. Der elsässische Tabak soll von schlechterer Qualität gewesen sein als der aus Baden oder der Pfalz.

Müller:
Im Dez. 1915 hatte D. einen Vertrag mit dem Münchner Verleger Georg Müller über die Veröffentlichung des Novellenbandes „Die Lobensteiner reisen nach Böhmen" abgeschlossen. Das Buch erschien erst Ende 1917.
Georg Müller (1877–1917), der seinen Verlag am 1.10.1903 gründete, war einer der bedeutendsten Verleger zu Beginn des 20. Jahrhunderts. Vgl. Eva von Freeden u. Rainer Schmitz (Hg.): „Sein Dämon war das Buch – Der Münchner Verleger Georg Müller", edition monacensia im Allitera Verlag, München 2003, 2. erw. Aufl.

eine gräßliche Wassersuppe:
Heinrich Manns Drama „Die große Liebe" war bereits 1912 publiziert worden. D. nahm das Stück offenbar erst beim Wiederabdruck im „Neuen Merkur – Monatsschrift für geistiges Leben" zur Kenntnis, der von Efraim Frisch hg. Zeitschrift seines Verlags Georg Müller (2. Jg., 7./8. Heft, Okt./Nov. 1915, S. 1-126).
D. hatte im übrigen zeitlebens ein gutes Verhältnis zu Mann, mit dem er u.a. ein Lesebuch für die Schulen in Preußen vorbereitete. Nach 1945 brachte D. gleich im ersten Heft des „Goldenen Tor" einen Ausschnitt aus Manns Erinnerungen „Ein Zeitalter wird besichtigt" („Abschied von Europa", S. 15ff).

[Saargemünd] 17.II.16

[...]

Von Paris und Saargemünd nichts Neues. Wenn der Krieg noch länger dauert, warten wir noch ein bischen. Wahnsinnig viel Arbeit habe ich, wo wir jetzt Etappenfunktion haben; dieser stete Durchzug, Hin- und Hertransport der Kranken mit der endlosen Masse Schreiberei. Zu literarischer Produktion komme ich dabei nicht; nur Abendstunden nach höchst soliden Strapazen, und dazwischen busonisches Intermezzo zweier Kinderstimmen. Ich will nächstens anfragen, ob ich Urlaub kriege; wenn mir freie Fahrt sub specie „Erholungsurlaub" gewährt wird, möchte ich schon mal rüber. Übrigens „ziehen" wir ja aus der Frankfurter Allee in unserer Abwesenheit; es geht in einen Berliner Speicher, schandmäßig teuer soll der Umzug sein, jetzt so Ende Februar Anfang März. Wo werde ich bloß nach dem Krieg hausen? Ich weiß wirklich nicht und mag nicht daran denken; jedenfalls kann ich ja nicht endlos zwei Wohnungen bezahlen und eine leer lassen.

Nach Lichtenberg gehe ich nicht wieder; um mir jede Möglichkeit zu nehmen, habe ich meiner Casse von hier aus gekündigt. Aber wohin, wohin? (siehe Schuberts Wanderer.)

[...]

Regnet und stürmt es bei Euch auch so schrecklich; wir haben hier seit Monaten eine tropische Regenperiode, und dabei giebts doch hier bloß – Natur.

Frankfurter Allee:
Ende Feb./Anf. März 1916 gab D. seine Berliner Wohnung in der Frankfurter Allee 194 auf, in die er Anfang 1913 aus Berlin-Steglitz (Blücherstr. 18) gezogen war. Später, von 1919 bis 1931, wohnte er in der Frankfurter Allee 340. Diese Straße erstreckt sich über die Stadtteile Friedrichshain u. Lichtenberg.

Casse gekündigt:
Rückgabe der kassenärztl. Zulassung.

Schubert:
D. spielt hier entweder an auf Schuberts Vertonung von Goethes Ballade „Johanna Sebus" mit den Zeilen „Sie setzt die Mutter auf sichres Land, / Schön Sus'chen, gleich wieder zur Flut gewandt. / ,Wohin? Wohin?'" (D 728); oder auf das ebenfalls von Schubert (D 544) vertonte Goethe-Gedicht „Ganymed": „Ich komme! Ich komme! / Wohin? Ach, wohin?"

Brief vom 29.3.1916 · An Herwarth Walden
(Briefe 1, S. 83ff)

[Saargemünd] 29.III.16

Lieber Walden,

ich muß wieder ein Lebenszeichen von mir geben, wenn auch mein jetziges Leben hier mir kaum ein Recht darauf giebt. Man arbeitet hier, „dient dem Vaterlande" in seiner Art, und so vergeht in einer erschreckenden Weise Tag um Tag. Ich habe keine Erinnerung daran, jemals ganze Monate so rasch und spurlos verschwinden gesehen zu haben wie jetzt; es lohnt sich kaum aufzustehen; der Tag ist mit Tätigkeit so vollgestopft und zwar genau regelmäßig wiederkehrender, daß ich wie das gedankenlose, sauber gearbeitete Rad eines Automaten funktioniere, oder wie der Groschen in einem Automat; morgens werde ich reingeworfen, ein Tag kommt raus, abends holt man mich wieder; morgens u.s.w.

Mit den Ohren haben wir die Schlachten um Verdun hier mitgekämpft; orientiere Dich auf der Karte, wie weit wir von Verdun sind, und so stark war die Kanonade tags und nachts, daß bei uns die Scheiben zitterten, daß wir Trommelfeuer unterschieden, ganze Lagen, Explosionen; ein ewiges Dröhnen, Bullern, Pauken am westl[ichen] Himmel. Jetzt, seit 1 Woche, ist alles still; was das ist, wer weiß? Akustisch ist jedenfalls der Angriff auf Verdun zur Zeit eingeschlafen. Aber in andrer Hinsicht sind wir näher dem Herd; alles steckt voll Einquartierung, ein interessantes Bild auf den Straßen wie in den ersten Tagen der Mobilmachung; die Eroberer von Douaumont sind hier in Ruhestellung, sie ist aber bald zu Ende. Sie erzählen von den ungeheuren, von uns kaum ausdenkbaren Strapazen der Lagerung in nassen Wäldern, des Hungerns und Dürstens beim Vorrücken, weil keine Küchen nachkommen (tagelang!), Wassertrinken aus Granatlöchern, in denen Grundwasser erscheint –, Schneeessen. Dabei sehen die Leute famos aus, jung, stark, Frankfurter (a. O.), Mecklenburger, Berliner; täglich höre ich jetzt im Lazarett: „icke" und „mir", Heimatsklänge von der Riviera in Lichtenberg.

Sonst höre ich aus Berlin: Fischer hat also am 23. mein Buch herausgegeben, ich erwarte meine Exemplare und schicke Dir eins. Erfreulicherweise höre ich nicht, daß Müller meinen Novellenband druckt; *mir* scheint die Zeit nicht geeignet. Die „Dampfturbine" ist nun auch schon gelandet; wenigstens principiell; Fischer schreibt, daß er vorhabe, das Buch nächstes Jahr zu bringen; es wird jedoch wohl noch ein Tänzchen von wegen dem Gelde geben, wie sich das bei Fischer versteht. Bitte: ich hätte gerne eventuelle Besprechungen meines Buches „Wang-lun" gelesen; abonniere mich doch bei einem dieser Leute mit Ausschnitten; ich habe hier keine Adresse, oder ersuche solche Firma sich an mich zu wenden. Ich möchte jetzt nichts produzieren; zu viel äußere Unruhe, Trubel im Dienst, Lärm auf den Straßen. [...]

Schlachten um Verdun:
Die Kämpfe um Verdun gehörten zu den blutigsten des Ersten Weltkriegs. Sie begannen am 21.2.1916 mit einem Angriff dt. Truppen auf frz. Stellungen bei Verdun. Sie endeten am 20.12.1916 ohne wesentl. Verschiebung des Frontverlaufs. Heftig umkämpft war im März 1916 die sog. Höhe Toter Mann. Saargemünd liegt etwa 110 Kilometer entfernt.

Eroberer von Douaumont:
Um Fort Douaumont, Teil der frz. Befestigungsanlagen vor Verdun, wurde erbittert gekämpft. Am 25.2.1916 war es von dt. Truppen besetzt worden.

Lichtenberg:
Vgl. Anm. zum 17.2.1916.

Fischer hat also am 23.:
D.s Roman „Die drei Sprünge des Wang-lun" wurde vom Verlag S. Fischer aufgrund kriegsbedingter Verzögerungen erst am 23.3.1916 ausgeliefert; im Impressum ist als Erscheinungsjahr 1915 genannt.

Novellenband:
„Die Lobensteiner reisen nach Böhmen – 12 Novellen und Geschichten". Der Band erschien bei Georg Müller (München) erst Ende 1917.

Dampfturbine:
Der Roman erschien erst im Juli 1918 unter dem Titel „Wadzeks Kampf mit der Dampfturbine".

Ausschnitte:
Büros, die im Auftrag von Verlagen oder Autoren die Presse nach einschlägigen Artikeln durchsuchen. Walden beauftragte das „Zeitungsnachrichten-Büro Adolf Schustermann" (Huguet, S. 60).

1916 hatte Einstein die allgemeine Relativitätstheorie
entwickelt. Döblin bestellte sie bald nach ihrer
Veröffentlichung. 6 Jahre später, am 24.11.1923,
polemisierte er im „Berliner Tageblatt" heftig gegen
Einsteins Thesen („Die abscheuliche Relativitätstheorie"):
die Mathematik verarme und erniedrige die Natur.
(DLM)

Brief vom 21.5.1916 · An Herwarth Walden
(Briefe 1, S. 85f)

Saargemünd Neunkircherstr. 19
21.V.16

Lieber Walden,

hier hast Du mich in effigie. Denn ich selbst werde wohl in absehbarer Zeit nicht nach Berlin kommen; ich habe mir ein recht solides chronisches Magenleiden so peu à peu zugelegt, und wenn man mir Urlaub giebt, will ich diese schöne kostbare Zeit benützen in Kissingen so im Juni den Rakoszybrunnen zu trinken; habe ich Glück, so ist dann der Magen gut und ich kann mal nach Berlin. Du wirst zwar nach dem Bild sagen, daß man mir ein Leiden keineswegs ansieht, aber ich komme über den häufigen kleineren größeren Beschwerden nicht recht zur Ruhe; ewig „Diät", das ist auch bald zum Umkommen, und Pulver schlucken.

Im Übrigen: Ich bin gänzlich faul und unfruchtbar. Und mache mir auch garnichts daraus; denn schließlich ist man kein Kaninchen. Ich lese jetzt Korrekturen des Novellenbandes „Lobensteiner", dessen meiste Stücke Du ja kennst; mehrere hat ja der Sturm gebracht (12 Nummern in summa). Hoffentlich kommt das Buch nicht bald raus; denn was soll das jetzt. Von meinem dicken Chinaroman höre und sehe ich ja auch nichts; wer hat auch jetzt den Kopf für Litteratur und China; $^{1}/_{2}$ Pfund Butter ist besser. [...]

In effigie:
Als Bild (lat.). Abb. S. 12.

chronisches Magenleiden:
D. war deswegen zwei Monate bettlägrig (Huguet, S. 61).

wenn man mir Urlaub giebt:
Vom 15.7. bis 15.8. war D. zur Kur in Bad Kissingen (Huguet, S. 61).

Rakoszybrunnen:
Die Rákóczi-Quelle, eine bekannte Heilquelle in Bad Kissingen, wurde benannt nach Fürst Ferenc II. Rákóczi, einem ung. Freiheitskämpfer, der allerdings selbst nie in Bad Kissingen gewesen ist.

Chinaroman:
„Die drei Sprünge des Wang-lun“.

Brief vom 10.7. (oder 6.) 1916 · An Herwarth Walden
(Briefe 1, S. 86ff)

[Saargemünd] 10.7. [oder 6.] 16

Lieber Walden,

ich habe ein paar Wochen krank gelegen wegen
meiner verfluchten Magendarmgeschichte, gefastet
und gestöhnt; jetzt gehts besser, der Wagen fährt
voran, wenn auch stuckrig.

Hab Dir im Übrigen kaum was von Belang zu schreiben. Das Einerlei des Dienstes, die Kleinkleinstadt,
die kleinkleinen Kinder, Familie, die Essensdebatten,
– und so wär alles gesagt. Schrecklich aber wahr ist
der Rest Schweigen. Ich bin nicht faul, nur mein In-
kommensurables ist faul und ich muß mich fügen,
es ist mir gräßlich dieses erzwungene Müßiggehen,
aber ich bin wehrlos, als wenn mir die Knochen ka-
put wären; na, man kennt dieses Lied. [...]

Mein neues Müllersches Novellenbuch ist nun im
Umbruch und total fertig; was rätst Du: soll ich
Müller zum Erscheinen in diesem Jahr raten, abraten
(Du kennst ja einen großen Teil der Sachen). Sieh
mal, meine chinesische Eskapade scheint doch nichts
zu sein, ich höre nichts von dem Buch, keine einzige
Besprechung, weniger kann man doch nicht verlan-
gen. Der Krieg ist dies Jahr ja gewiß zu Ende, [...]

Müllersches Novellenbuch:
„Die Lobensteiner reisen nach Böhmen".

Chinesische Eskapade:
„Die drei Sprünge des Wang-lun".

ich höre nichts von dem Buch:
Bereits am 14.5.1916 hatte H. Wetzel den Roman im „Berliner Börsen-Courier" positiv rezensiert („Die Tragik der Ereignisse geht zu Herzen"; „erfreulich gut ist die Einführung in die fremde Welt gelungen"). Es folgten zahlreiche weitere lobende Rezensionen, etwa von Kurt Glaser („Das literarische Echo", Jg. 18, 1915/1916, Sp. 1347f): „ein phantastisches Gemälde von ungeheurer Bildhaftigkeit".
Wenig später erschienen (meist positive) Kritiken in: „Kölnische Zeitung" (16.7.1916), „Frankfurter Zeitung" (1.8.1916), „Tägliche Rundschau" (23.8.1916), „Dresdner Neueste Nachrichten" (24.8.1916), „Berliner Tageblatt" (27.11.1916), „Die Aktion" (Jg. 6, 1916, Sp. 631, Autor: Adolf Behne), „Die Schaubühne" (1916, S. 240–242, Lion Feuchtwanger), „Masken" (1916/17, Sp. 96–99, Kasimir Edschmid), „Die Glocke" (1917, S. 1036–1039, Karl Korn). Vgl. Schuster/Bode, S. 17f.

Brief vom 17.8.1916 · An Herwarth Walden
(Briefe 1, S. 88f)

[Saargemünd] 17.VIII.16

[...]

Die Gewichtsabnahme Deiner Frau ist *für diese Zeit* beinah physiologisch; ich habe hier allerlei Privatpatienten, überall ohne besonderen Grund Gewichtsverluste infolge der Knappheit an Fett und Kohlehydrat. Wichtiger als Milch (die nicht übertrieben viel Nährwert hat) ist Butter, Fett, Sahne, Mehlsuppen, Eier, Süßspeisen. Diese mästen, machen Gewichtsansatz. Aber – woher nehmen? Natürlich schreib ich Dir gern ein Attest, aber Du mußt ein Berliner Attest haben, für den Fall, daß irgend eine ärztliche Kontrollinstanz die Sachen in Empfang nimmt. Ich empfehle, daß Deine Frau sich an Mehlsuppen und Süßspeisen hält, denn die erlangte Buttermenge ist minimal (auch Kuchen ist gut, besseres Gebäck, Brot, ein Malzpräparat, Süßwein); meine Recepte hier haben jedenfalls keinen Effekt gehabt, es gab doch nicht mehr Milch oder Butter! Fleisch macht nicht Ansatz.

Von Kissingen bin ich zurück, erholt, freilich noch nicht mit völlig gutem Magen; das renkt sich hoffentlich allmählich ein. Ich war en passant in Heidelberg, Mannheim; variatio delectat. – Siehst Du, aus dem Frieden [im] Herbst wird nichts. Es giebt Winterfeldzug, Frühjahr! Wo geht die Karre nur hin; nämlich ich möchte mal endlich wieder civiler Mensch sein und mich um meine eigenen Dinge kümmern. […]

Variatio delectat:
Abwechslung macht Freude (lat.).

„Es ist die bayrische Infanteriekaserne, vier längliche Gebäude, weiß getüncht; dazwischen im Carré die Baracken."

(ars)

Brief vom 16.9.1916 · An Herwarth Walden
(Briefe 1, S. 89f)

[…]
Privat arbeite ich viel jetzt wieder, offiziell auch
mächtig zu tun, Ruhrepidemie. […]

Ruhrepidemie:
Die Krankheit kursierte damals auch im Saarland. Vgl. die
am Saarbrücker „Institut für Hygiene und Infektions-
krankheiten" entstandene Arbeit von Kreuser: „Erfahrungen aus der Ruhrepidemie von 1914–1920 in den Kreisen
Saarbrücken und Saarlouis", in: „Medical Microbiology
and Immunology", Springer Verlag, Heidelberg, Vol. 99, Nr.
2, März 1923, S. 166–185.

Undat. Brief [1916] · An Albert Ehrenstein
(Briefe 1, S. 90f)

[…]
Der Krieg dauert ewig; ich werde wohl ewig hier
bleiben! […]

Saargemünder Militärärzte und Pflegepersonal.
„Unter der fatalen Gesellschaft meiner Kollegenschaft,
besonders unter der Behandlung eines üblen Vorgesetzten,
erlitt ich 1917 eine Art Nervenkrise."
Rechts außen: Döblin. In der Mitte der ersten Reihe:
Generalarzt Dr. Rudolf Johannes, der „üble Vorgesetzte",
der Döblins Versetzung nach Hagenau anordnete.
(DLM)

Brief vom 9.10.1916 · An Albert Ehrenstein
(Briefe 1, S. 91f)

[Saargemünd] 9.10.16

[…]

Ich habe, auf Ihre Warnung hin, übrigens Müller propter pecuniam geschrieben, vor 1 Woche, non respondit usque ad nunc! […]

Von Müller das Buch loskaufen lassen etc, kann ich erst dann, wenn ich von ihm irgendwie aufgeklärt bin; sein Schweigen ist mir aber auffällig. Pech habe ich mit Novellen!

Ja, ich fange sachte an wieder zu arbeiten, will noch nicht von mir geben, was. Aber wie schwer hier arbeiten ist, können Sie sich nicht denken. In einer Dreizimmerwohnung, Puppenstuben, mit 2 kleinen ewig schreienden Kindern, kein einziges ruhiges Fleckchen. Und vor allem: ich komme nicht zu meinem Material; Bibliothek ist Straßburg, kaum was vorhanden dort, und überhaupt: so alle Wochen sich ein paar armselige Bücher schicken lassen, und ich brauche ganze Bibliotheken, muß *da* nachsehen, *da* nachsehen! Na, ich habe in den letzten zwei Monaten kaum soviel gesammelt wie in Berlin in 2 Wochen. Mein Thema, ein deutsches politisches, steht mir klar vor Augen und differenziert sich; wäre es Frieden und ich in Berlin, schriebe ich in 1 Monat los! […]

Müller:
Verleger von D.s Novellenband „Die Lobensteiner reisen nach Böhmen".

propter pecuniam:
Wegen Geldes (lat.).

non respondit usque ad nunc:
Er hat bis jetzt nicht geantwortet (lat.).

fange sachte an wieder zu arbeiten:
Im Sept. 1916 begann D. mit dem 1920 ersch. „Wallenstein"-Roman. Er verwendete darin eine Vielzahl hist. Dokumente, damit Forderungen erfüllend, die er selbst 1913 („Über Roman und Prosa") als Kriterium für den zeitgen. Roman aufgestellt hatte („Tatsachenphantasie").

Mein Thema:
Wallenstein. In einem Bericht heißt es: „Wie kam ich darauf, den Dreißigjährigen Krieg […] auszusuchen […]? Zunächst war es nur die sehr naheliegende Ähnlichkeit zwischen 1914/18 und damals: ein europäischer Krieg. […] Das ungeheure Schicksal Böhmens riß mich hin, und dieser Wallenstein, […] – ein moderner Industriekapitän, ein wüster Inflationsgewinnler, ein Wirtschafts- und, toller Weise auch, ein strategisches Genie […]." Bei jedem Bombenalarm habe er das Manuskript in den Luftschutzkeller mitgenommen. „Es schlugen zwar viele Bomben in der Nachbarschaft ein, aber weder mir noch dem Manuskript geschah was. Es hat auch den langen Rücktransport neben mir im November 18 durch ganz Deutschland mitgemacht, und lag noch in dem schlimmen Revolutionswinter 18/19 in Berlin auf meinem Schreibtisch. Vielleicht ist etwas von der furchtbaren Luft, in der das Buch entstand, Krieg, Revolution, Krankheit und Tod, in ihm." Zit. nach: Briefe 1, S. 533.

Brief vom 16.11.1916 · An Herwarth Walden
(Briefe 1, S. 92f)

[Saargemünd] 16.XI.16

[...]

Du siehst mich noch immer, nun schon fast 2 Jahr, hier; freilich hat der Krieg rechts und links stark neben mir geplündert; ich bin der letzte der „alten" Generation hier, – sind alle sonst im Feld, oder tot oder verwundet und was sonst an andern Orten; ich gelte wegen meiner infamen chronischen, mir selbst rätselhaften Magenaffektion, einer oft enorm schmerzhaften Sache, als vorläufig nur garnison-dienstfähig, – sitze also hier im Loch. Du hast wohl gelesen, daß wir neulich etwas Abwechslung hatten: Fliegerüberfall. Es war mondheller Abend, halb 10, ich hörte die Flieger, es waren viele; kaum auf der Straße (hier darf ja seit lange keine Laterne abends brennen; Du kannst Dir keine Vorstellung machen, was Dunkelheit hier heißt; ohne Taschenlampe ist man verloren) – also da kracht es, schauderhaft, nur ein paar Sekunden bis 30; dann Schluß. Effekt ebenso schauderhaft: ein paar Häuser an der Bahn (im Grunde liegt natürlich im Nest alles an der Bahn) geradezu demoliert, Wände rausgerissen, Dachstühle geborsten, halbe Fassaden abgerissen; einige Läden ausgeleert; von Scheiben nicht zu re-

den, schöne Kirchenfenster drollig zersplittert mit einer gewissen Symmetrie, Wasserbruch etc.; was getötet wurde oder schwer verletzt, saß oben im Dachgeschoß; die Häuser sind ja hier alte Jammerbuden, einstöckig, zweistöckig. Tag um Tag sind sie darauf wieder gekommen, jetzt funktionierte bes. Sonntag der Abwehrdienst vor Saarbrücken, das Rollen und Dröhnen der Kanonen, die Schrapnellwölkchen konnte ich erleben wie an der Front einer. Inzwischen alles Volk im Keller, Tag fast um Tag, Sirene bläst, Glocken läuten. „Schönes" Wetter ist jetzt hier sehr unbeliebt. Gräßlich ist dieser Luftkrieg. –
Ich bin unverändert mit Studien und Vorarbeiten zu einer neuen Sache beschäftigt, ärgere mich unendlich über die enormen Schwierigkeiten, Bücher etc. zu bekommen; alle Informationen fehlen, sehr langsam komme ich von der Stelle. Ehrenstein schreibt mir, es stände mit Müller schlecht; das hörte ich oft schon; faktisch hat er mein Novellenbuch, das gedruckt resp. gesetzt ist, nicht heraus gebracht; er selbst ist ja eingezogen. – Auch der 30jährige Krieg, der 7jährige hat mit 2 Jahren angefangen – ! […]

Fliegerüberfall:
Lt. Heeresbericht vom 13.11.1916 (www.stahlgewitter.com)
griffen am 10.11. zwischen 21.30h u. 22.30h frz. Flugzeuge
saarl. u. lothr. Städte u. Fabrikanlagen an. In Saargemünd
seien „durch einen verirrten Flieger ein Haus zerstört und
dabei zwei Einwohner getötet und sechs leicht verletzt"
worden. Kurz vor Mitternacht des gleichen Abends, so die
Meldung, sei ein weiterer Angriff auf lothr. Ziele erfolgt,
allerdings „gänzlich erfolglos". Die „Saarbrücker Zeitung"
übernahm am 14.11. die Meldung („Wiederholung des feind-
lichen Luftangriffs auf das Saargebiet") fast wörtlich, mit der
Ergänzung: „Da die Bomben zum Teil aufs freie Feld fielen,
zum Teil überhaupt nicht explodierten, wurde nur geringer
Sachschaden angerichtet, militärischer Sachschaden überhaupt nicht." Der Augenzeuge wußte es besser.

Ehrenstein:
Vgl. Anm. zum 22.12.1915.

Studien und Vorarbeiten zu einer neuen Sache:
Wallenstein-Projekt; vgl. Anm. zum 9.10.1916.

Müller:
Vgl. Anm. zum 9.10.1916.

„Hoch auf dem Schloßberg noch über dem Schloß
liegt das Hotel, das jetzt als Offizierslazarett dient; sehr ruhig,
kein Kindergeschrei, ‚standesgemäßes' Essen, Bedienung etc.
Dafür mußt Du Steuern zahlen."
Kurhaus Hotel Bellevue, Heidelberg
(Stadtarchiv Heidelberg)

Brief vom 12.1.1917 · An Herwarth Walden
(Briefe 1, S. 93ff)

[…]

Ich sitze jetzt im 3. Jahr hier und, wills die Entente, so noch viel viel länger. Es ist schlimm, schrecklich, entsetzlich. Schon wegen der eigentlichen örtlichen Verhältnisse: meine 3 kleinen kleinsten Zimmerlein, dadrin hausen wir nun 5 Mann hoch, – und es ist schon kein Provisorium mehr, 1 $^1/_2$ Jahr jetzt! Wo soll man arbeiten! Das Geschrei! Und dabei will und soll ich was tun. Das alte Lied also: Aber langsam setz ich mich trotzdem in Bewegung, und seit einigen Wochen habe ich mit einer neuen Arbeit breiteres Fahrwasser gewonnen. Da schwimm ich nun auf lange Monate. […]

Scharfe Controversen habe ich mit Müller wegen der „Lobensteiner"; ich möchte das Buch da gern loseisen, es ist schon fertig gedruckt, aber er giebt es nicht frei. Mehrere Verleger habe ich nämlich, die es mir resp. ihm abnehmen (ich bin üppig jetzt, nicht wahr; möchte es gern den Herren heimzahlen, was sie früher an mir getan haben). […]

Wie ist Deiner Meinung nach die literarische Conjunktur 1917, – der Markt, – kann ich erlauben, die „Lobensteiner" nun doch herauszubringen? Ich habe keinen guten Eindruck; man verschießt jetzt Pulver in die Luft, – vielleicht freilich wird es immer schlimmer. Ach es ist eine Zeit, zum Vertrocknen, zum Verdorren, wahrhaftig. Du siehst: September gab es keinen Frieden, und ich glaube nicht bald an den Frieden 17. Endgiltige Siege wird es nicht geben, auch 17 nicht, denn wir können im Westen, – glaub ich, – nicht durchbrechen; und nur im Westen ist so etwas wie Entscheidung zu holen; man wird sich hin- und herschieben. [...]

5 Mann hoch:
Vermutlich war inzwischen D.s Schwiegermutter, Henriette Reiss (geb. Calm), angereist. Möglicherweise wohnte sie auch während D.s Heidelberger Genesungsurlaub in Saargemünd. Vgl. Brief vom 26.4.1917. Es gab in der Saargemünder Zeit auch eine Haushilfe, ein junges Mädchen, mit deren Hilfe Erna Döblin am 20.5.1917 ihren Sohn Klaus zur Welt brachte, und zwar im Keller der Neunkircherstr. 19 während eines Fliegerangriffs (Auskunft v. Claude D. an Christina Althen).

neue Arbeit:
Wallenstein-Roman; vgl. Anm. zum 9.10.1916.

Brief vom 26.4.1917 · An Herwarth Walden
(Briefe 1, S. 95ff)

Adresse: Feldpost, Heidelberg, Offizierslazarett.
(für ca 4 Wochen), 26.IV.17

Lieber Walden,

Du siehst mich hier unter einem anderen Stempel.
Ich bin aber leider nicht als Medizinmann hier, sondern als Patient. Das kam so: Anfang März kriegte
ich plötzlich verrücktes Fieber, das dauerte so über
1 $^1/_2$ Wochen, immer in den höchsten Tönen, dann
lag ich noch so zwei bis drei Wochen, alsdann habe
ich mich, weil ich schon so lange mit dem Magen
laboriere, hierher verlegen lassen. Es soll Typhus
gewesen sein, leichterer Typhus, weil ich geimpft
dagegen war; war aber doch noch ganz schön; das
hat man, wenn man sich täglich mit einigen Dut-
zenden dieser Fälle abgiebt, – schließlich springt es
einen doch an. – Hier ist es bildschön, hoch auf dem
Schloßberg noch über dem Schloß liegt das Hotel,
das jetzt als Offizierslazarett dient; sehr ruhig,
kein Kindergeschrei, „standesgemäßes" Essen, Bedienung etc. Dafür mußt Du Steuern zahlen.

Meine Frau mit 2 kleinen Herrschaften sitzt allein
in Saargemünd, das tut mir doppelt leid, weil sie in
2–3 Wochen ein drittes kleines Wesen erwartet. Du
staunst ob meines Mutes; ich denke, ich habe so

nichts und so nichts, und es wird schon gehen; – wenn bloß das infame Geschrei nicht wäre. Meine Schwiegermutter sollte in meiner Abwesenheit da sein, – die kann auch kein Geschrei hören, obwohl die Person halb taub ist. Ich empfahl ihr, nicht immer zum Ohrenarzt zu laufen, dann wird sie das Geschrei schon [nicht] hören können. Sie ist eine Gemütsathletin und ich kann nicht mit ihr boxen. Wirds ein Junge, heißt er Klaus, wirds ein Mädel, Ursel oder Susanna; – hast Du etwas gegen „Klaus"? Aber mir fällt nichts ein; „Wolfgang" hatten wir ja einmal zusammen rausgeknobelt, vielleicht erleuchtet Dich jetzt wieder ein Gott; schreibs aber bald! […]

Wenn der Frieden ausbricht, weiß ich nicht, wohin ich „meinen Fuß" setzen soll. Hast Du einen Einfall? Berlin ist mein Ideal, es bleibt der einzige Ort, wo man nach meiner bisherigen Erfahrung leben und arbeiten kann; nur komme ich da bald auf die Hungerpoten! […]

Offizierslazarett:
Lt. Auskunft des Heidelberger Stadtarchivs vom 29.1.2009 handelt es sich um das ehemalige Kurhaus Hotel Bellevue. Es wurde bis 1918 als Lazarett für Offiziere genutzt. 1919 ist es abgebrannt. Vgl. Abb. S. 73.

ein drittes kleines Wesen:
Am 20.5.1917 wurde D.s Sohn Klaus geboren.

Brief vom 3.6.1917 · An Herwarth Walden

(Briefe 1, S. 97f)

[Saargemünd] 3. Juni 17

Lieber Walden,

wieder in Saargemünd. Und hier ist am Tage vor
meiner Ankunft, 20., ein kleiner Junge angekommen, also das erwartete Ereignis, der den Namen
Klaus wie gebilligt empfangen hat, wenn auch nicht
in der Taufe. Jetzt hab ich drei; was soll daraus
werden; ich hab genug; ich bin als Militärarzt angestellt, – nicht aber zur Beseitigung des Geburten-
rückgangs! Furchtbarer Trubel natürlich hier; ich
wohne aber, schlau, zwei Stock höher in absoluter
Tag[-] und Nachtruhe. [...]
Die Weltlage erfüllt mich mit großem Vergnügen;
man wird hoffentlich diesmal einen Frieden mit großer Voraussicht schließen; ich spucke auf ein Koh-
lenbergwerk, wenn man es mit 100.000 Leichen und
ebenso vielen andern Werten zu bezahlen hat.
Siehst Du nicht den Witz: Nietzsche soll in allen
Schützengräben viel gelesen werden, stand neulich
mal irgendwo, – und nun: Nietzschedämmerung!
Debacle auf der ganzen Linie! Die Volksausgabe
vom Herrn Krönerverlag muß sich beeilen; noch
eine Minute, dann liegt sie auf der Nase. Und nichts
desto trotz: Old Germany hat gesiegt; man wird uns

hören nach dem Krieg. Das Geheule mit der gepachteten Kultur werden sie verlernen! – Toujours le même, semper idem Boonekamp!

Herzlich DDöblin

Weltlage:
Im April hatte Lenin Sankt Petersburg erreicht. Durch die Abdankung des letzten Zaren (Michael II.) war die pol. Ordnung in Russland erschüttert. Deutschland strebte einen Separatfrieden mit dem Land an.

Nietzsche Volksausgabe:
Der Leipziger Verlag Alfred Kröner brachte 1906 eine elfbändige Taschen- bzw. Volksausgabe genannte Edition der Werke von Nietzsche heraus, die in den Folgejahren um weitere Bände ergänzt wurde.

Toujours le même, semper idem:
Immer das Gleiche (lat./frz.). Der Spruch „semper idem Boonekamp" war ein von 1896 bis 1916 verwendeter Werbeslogan der Kräuterlikörfirma Underberg für den Kräuterschnaps Boonekamp, der sogar in der Zeichenrolle des Kaiserlichen Patentamts eintragen war, um den gleichbleibend hohen Qualitätsanspruch der Marke zu unterstreichen.

Brief vom 17.7.1917 · An Herwarth Walden
(Briefe 1, S. 98ff)

Saargemünd 17.VII.17

[…]

Ceterum: Verdammt, ich möchte in Berlin sein, zivil wie Du, ein bischen Freiheit und Luft schnappen. Und jetzt: der Parlamentarismus; ich bin *sehr sehr sehr sehr* dafür; noch sechsmal mehr *sehr*. Sieh zu, was Du dazu tun kannst! Meine Stimme kannst Du für den Parlamentarismus gleich mit abgeben, ich pfeife auf Nietzsche. –

Bei mir gehts gut. Der kleine Klaus ist schon zwei Monate alt und schreit vor mir. Drei Jungen! Der Lärm, heiliger Brahma. […]

Ceterum:
Übrigens (lat.).

Stimme abgeben:
Die eigentlich im Jan. 1917 fällige Wahl zum 14. Deutschen Reichstag wurde wg. des Kriegs vertagt. Zentrum, Fortschrittliche Volkspartei u. SPD einigten sich im Juli 1917 auf eine gemeinsame Friedensresolution, die allerdings von Nationalliberalen u. Konservativen abgelehnt wurde.

Nietzsche:
Der Philosoph stand Demokratie u. Parlamentarismus kritisch gegenüber, es waren für ihn Anzeichen des drohenden ‚Wärmetods‘ der Gesellschaft.

Dr. Döblin, Alfred, Arzt

Vor- und Zuname, Stand oder Gewerbe	Alter Geburtsdatum	Geburtsort und Kreis	Religion	Staatsangehörigkeit	Wohnungsverhältnis Datum und Jahr	der Wohnungsveränderung	Bemerkungen
	10.8.78	Stettin	dissident	H.	n	Berlin	Marktplatz 7 / Kother
Frau: Erna geb. Reiß	13.9.88	Berlin	"	"	26.4.15		Verükenstraße 19
					17.6.15		
					1.3.17	Saargemünd (Berlin)	
Kinder: Peter	27.10.12	Berlin	"	"			
Wolfgang	17.3.15	dt.	"	"			
Klaus	20.5.17	Saargemünd					

Saargemünder Meldekarte
(Stadtarchiv Saargemünd)

Brief vom 21.12.1917 · An Herwarth Walden
(Briefe 1, S. 101)

Hagenau (Els) Schanzstr. 26
21.XII.17

[…]

Nach Berlin kommen: ja, gerne, bekäme auch Urlaub jetzt, – aber bloß Fahrt an 200 M; wie soll ich mir das leisten?

Von mir nichts Neues. Sehnlich hoffe ich auf Schluß des militärischen Intermezzos. […]

Schanzstr.:
Die ehemalige Schanzstraße heißt heute Rue de la Redoute, das Haus Nummer 26 trägt inzwischen die Nummer 30 (Auskunft Stadtarchiv Haguenau vom 23.6.2009).

Hagenau, Schanzstraße 26
(Foto Ute Werner)

Brief vom 4.4.1918 · An Herwarth Walden
(Briefe 1, S. 102f)

[Hagenau] 4.IV.18

Lieber Walden:

beifolgt die Abschrift meines Vertrags mit Singer-Straßburg. Also überlege mal die Sache. […]

Sonst stecke ich wieder in Hagenau, das Land der Berliner mit der Seele suchend. […]

Singer-Straßburg:
Bei dem in Straßburg, später auch in Leipzig ansässigen Verlag von Josef Singer hatte D. 1906 auf eigene Kosten den Einakter „Lydia und Mäxchen" herausgebracht (vgl. Arnold, Döblin, S. 14). In seinen autobiogr. Anmerkungen vom 10.10.1917 für den Lexikographen Franz Brümmer war D. allerdings der richtige Vorname seines Verlegers nicht präsent; er nennt ihn „Joh. Singer"; vgl. Briefe 1, S. 100f.

Vertrag:
Außer „Lydia und Mäxchen" ist keine Publikation D.s bei Singer nachweisbar. Warum er zu diesem Zeitpunkt die Abschrift eines 12 Jahre alten Vertrags an Walden schickte, ist unklar. Vielleicht plante ein Autor aus dem „Sturm"-Kreis oder Walden selbst dort eine Publikation.

mit der Seele suchend:
Anspielung auf Goethes „Iphigenie auf Tauris" (1. Aufzug, 1. Auftritt: „Das Land der Griechen mit der Seele suchend").

Saarbrücken, den 3. J u l i 1918.

I a Nr. 894/18   An den

Herrn landsturmpflichtigen Arzt Dr. D ö b l i n
Hochwohlgeboren

Reservelazarett

in H a g e n a u i/Els.

Nachdem Ihnen durch Verfügung des stellvertretenden Generalkommandos XXI.Armeekorps vom 6.6.1918 IVb Nr.2330/2491 die
ärztliche Kontrolle der Gesundheitsverhältnisse von Kriegsgefangenen, die dem IV.Landst.Inf.Ers.Batl.Saarbrücken unterstehen, übertragen ist, werden Sie ersucht, nach den Ihnen bekannt
gegebenen Anweisungen die Arbeitsstellen

Unterelsässische Papierfabrik Schweighausen in Schweighausen,

Deutsche Bohrgesellschaft Schweighausen in Schweighausen,

Gebrüder Biehler in Böschwoog,

de Dietrich & Co.Reichshofen in Reichshofen,

de Dietrich & Co.Reichshofen in Niederbronn,

A. B i s c h in S e l z ,

Deutsche Bohrgesellschaft Schweighausen in Biblisheim,

Deutsche Erdöl A.G.Pechelbronn in Biblisheim

mindestens einmal in jedem Vierteljahr zu revidieren. Die Reihenfolge der Besichtigungen und die Wahl der Tage muss Ihrem Ermessen bezw.der Zustimmung Ihrer unmittelbaren Vorgesetzten überlassen werden; Rückkehr in den Standort am gleichen Tage wird sich
ohne zwingenden Grund
stets ermöglichen lassen, sodass Gebührnisse für Uebernachten u.
s.w.nicht in Anspruch zu nehmen sind.

Die Ergebnisse der Revisionen sind dem genannten Bataillon zum 1.jeden Monats, bei Vorliegen besonderer Umstände sofort
schriftlich zu melden. Wegen Heranziehung des Kontrolloffiziers
zu den Revisionen ist das Weitere in unmittelbarem Benehmen mit
diesem zu vereinbaren; der Name des zuständigen Kontrolloffiziers
ist von dem genannten Bataillon zu erfragen.

Revisionsbefehl vom 3.7.1918
(DLM)

Brief vom 12.7.1918 · An Wilhelm Lehmann
(Briefe 2, S. 27)

[Hagenau] 12.VII.18

Lieber Herr Dr Lehmann,

daß ich nicht schrieb, lag an der noch bestehenden Ungunst meiner äußeren Situation: Krankheiten in der Familie, tolle Arbeitsüberlastung und der damit verbundenen Abspannung. […]

Von meiner Arbeit nichts Neues: seit 2–3 Wochen kaum unter der obigen Ungunst einen Federzug getan. So daß ich selbst wieder Verlangen nach dem Frondienst von „Wallenstein" habe, dessen 4. Buch fast fertig ist. Furchtbar stört mich noch eins: ich werde sehr von religiösen Gedankengängen heimgesucht und irre von meinem Stoff ab. Mein Thema: wie man dem Unglauben zu seiner Frömmigkeit seiner spezifischen, verhelfen kann; wie man sein Positives einstreuen kann, daß es nicht ein Un-glaube ist.

Wilhelm Lehmann:
Romanautor u. Lyriker (1882–1968), desertierte 1918 in engl. Gefangenschaft. D. sprach ihm 1923 – zusammen mit Musil – den Kleist-Preis zu.

4. Buch:
„Kollegialtag zu Regensburg".

Brief vom 29.11.1918 · An Wilhelm Lehmann
(Briefe 2, S. 28)

Berlin-Lichtenberg Parkaue 10, 29.XI.18

[…]

Ich selbst habe natürlich noch mein Elsäßer Plätz-
chen den Herren mit den Käppis räumen müssen,
bin nach dem ewig unvergleichlich schönen, mir ans
Herz gewachsenen Luft- und Steinhaufen Berlin zurückgekehrt. […]

Parkaue:
D. wohnte mit seiner Familie zunächst bei seinem ältesten
Bruder Ludwig u. seiner Mutter.

Herren mit den Käppis:
Die Abgesandten des Matrosenrats.

Ernennung Döblins zum Kriegs-Assistenzarzt

(DLM)

SAARBRÜCKEN Garnisonlazarett mit Winterbergdenkmal

Winterberg in Saarbrücken.
„Ein Berg, auf dem das Sanitätsamt
mit dem höllischen Generalarzt stand."
(Foto Landesarchiv)

Arthur Friedrich Binz:
Alfred Döblin – und das Saarland

Saargemünder Kaserne

(Stadtarchiv

Sarreguemines)

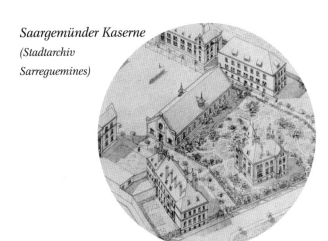

„Ich bin sehr, sehr kurzsichtig. […] Ich bin lang und
beängstigend mager, auffallend große Nase, die von dicken
Brillengläsern beherrscht wird. In Gang und Haltung bin ich
unsicher, in jeder Beziehung ein schwacher Fant."
(Aus einem Brief von Binz vom 20.2.1921
an Karl Willy Straub, Saarheimat 5/1973, S. 91)
(Foto Saarheimat)

Alfred Döblin, der um 1912/13 mit einem Band Gro-
tesken („Die Ermordung einer Butterblume") an die
Öffentlichkeit trat, schrieb danach etliche breitunter-
mauerte Romane, die wir als wertvolle Kriegsgewinne
buchen dürfen. Dieser in Stettin geborene und in
Berlin lebende Arzt herrscht über eine Vorstellungs-
kraft von gewaltigem Ausmaß, über eine immerfort
quillende Fülle und einen epischen Atem, wie ihn
eigentlich nur die großen Franzosen oder Russen
besaßen. Er verfügt über märchenhaft reichen Sprach-
schatz; Meister des ‚treffenden Wortes' wie Thomas
Mann, ist er diesem an Phantasie und vor allem durch
jugendliche Gesinnung weit überlegen. Döblins
geistige Landschaft ist ein singendes Chaos, belebt von
wimmelnder Tausendfalt. Sein „Wallenstein" ist der
bedeutendste historische Roman der letzten Jahre
[…], eine originale und wegweisende Leistung,
barock, kolossalisch, triefend und strotzend, hundert-
fach verschlungenes und verschnörkeltes Leben. Sein
chinesischer Roman „Wang-lun", vor grandiosem
weltanschaulichem Hintergrund aufgebaut, ist ein
kubisches Riesenwerk und unterscheidet sich von der
stets absetzenden Episodentechnik des „Wallenstein"
durch elementar stürmende Wucht. Es gibt wenig
Romane der Weltliteratur, in denen mich das Gefühl
der grenzenlosen Weite, der unendlichen Ebene so
stark umfing wie in diesem Buche Döblins. So ziehen

die Menschheitslegionen seit Jahrtausenden mit fliegenden Fahnen der Leidenschaft auf und nieder, werfen sich hin an eine Idee, lodern und verenden ... aber neue Massen bilden sich und wimmeln über die Ebene, die kein Ende hat, weil sie gar keine Ebene, sondern vollkommen gerundet ist. Kalt und eisig wie der Atem des Kosmos, ohne Illusionen des Herzens weht Döblins überlegener Intellekt und jagt das zappelnde Menschengezücht in die Form seiner Romane.

Das Gebäude auf der linken Seite: das Schloßkaffee
(Foto Landesarchiv)

Sein unheimlichstes Buch sind seine „Berge Meere und Giganten", Träger der Handlung ist die Menschheit gegen Ende des dritten Jahrtausends und der ganze rotierende Kosmos.

Dieser Alfred Döblin, von dessen Werk hier kurz ausgesagt ist, weilte einige Zeit lang im Saartal, in Saargemünd, und kam von dort des öfteren nach Saarbrücken. Es war während des Krieges, und

„Das schöne Schloßkaffee am Wasser"
(Foto Landesarchiv)

Döblin war als landsturmpflichtiger Arzt im Heeresdienst. In Saargemünd hat er den „Wallenstein" entworfen und begonnen, und es existieren ein paar Novellen, die damals geschrieben, in ihren Landschaftsbildern unsere Heimat meinen. In den (veröffentlichten) Novellen „Das Gespenst vom Ritthof" und „Das verwerfliche Schwein" ist die Handlung in uns bekannte Örtlichkeiten verlegt.

Doch wer da glaubt, nette Kalendergeschichten oder ein Rüchlein der „Rose Ferron" zu verspüren, kommt nicht auf seine Kosten. Döblins Stil in diesen Novellen (zumal im „verwerflichen Schwein") ist zu sehr Experiment, als daß er mit der Leichtigkeit des wohlig plätschernden Paul Keller-Tones eingehen könnte.

Vielleicht wird einmal die Döblin-Philologie höchstdieselbst in unsere Gegend reisen und in Saargemünd die zweieinhalb Jahre durchforschen, die Döblin dort verbracht hat. Im Dezember 1914 kam er hin und blieb bis Juli 1917. Er fühlte sich durchaus nicht wohl. Da ist eine Briefstelle, die dies aufs deutlichste dartut:

„Ich war froh, als ich der trüben Gesellschaft meiner ‚Kollegen' entrann und eine eigene Wohnung hatte in der Neunkircherstraße 19, wohin meine Frau und meine beiden kleinen Jungs kamen; der dritte Junge, Klaus, ist mir hier in Saargemünd 1917 geboren ... Unter der fatalen Gesellschaft meiner Kollegenschaft, besonders unter der Behandlung eines üblen Vorgesetzten erlitt ich 1917 eine Art Nervenkrise; die Kollisionen waren evident; so kam ich denn schließlich weg nach Hagenau ins Garnisonslazarett. ...“

Über Saarbrücken äußerte sich Döblin:

„Ich bin oft herübergewandert durch das wundervolle Saartal, durch die herrlichen Wälder und

„Saarbrücken war mir doch damals die ‚Großstadt‘.
In Saarbrücken war man mitten in Deutschland.“
(Photo v. 1915, ars)

Berglandschaften über Blittersdorf, Groß- und Klein-blittersdorf. Saarbrücken war mir doch damals die ‚Großstadt'. Da war nicht nur das *eine* Kaffee, sondern das schöne Schloßkaffee am Wasser, wo man interessante durchreisende Menschen sah, und anderes gab es, wo Musik war. Da war das ‚Malepartus' mit schönen Räumen, die breite Bahnhofstraße, die ich viele dutzendmal freudig durchstreifte: da waren Menschen, ich war nicht unter Soldaten gefangen, nicht Oberstabsärzten und anderen halbabgestorbenen Cholerikern ausgeliefert. Da war ein Varieté, das mir manchmal Spaß machte. Und ein Berg, auf dem das Sanitätsamt mit dem höllischen Generalarzt Classen stand. … Die Bewohnerschaft Saargemünds erschien mir zum größten Teil französisch oder in etwa frankophil; wir waren Fremde. In Saarbrücken aber war man mitten in Deutschland …"

Auch von Fahrten und Gängen auf den Spicherer Berg und ins Ehrental weiß Döblin zu plaudern. – Sicherlich gibt es ‚Leute' an der Saar, mit denen Döblin damals bekannt war und darunter auch solche, auf die er unangenehm wirkte und die nicht begreifen können, daß die Literatur solches Aufheben von dem Doktor Döblin macht, der ihnen doch damals ‚auf die Nerven fiel' und ganz ‚gewöhnlich' vorkam. Für sie zitiere ich zum Schluß noch zwei Sätze, die das „Lite-

rarische Echo" einmal über Döblin schrieb: „Es ist nicht
zu bezweifeln, daß Döblin an Menschlichkeit und Welt-
erlebnis Gerhart Hauptmann mindestens ebenbürtig
ist und daß er ihn an künstlerischer Energie bei wei-
tem übertrifft … Er ist eine europäische Angelegenheit".

Aus: Saarbrücker Zeitung, 9.10.1924. Der Text von Binz ist
kursiviert. Zur Beziehung von Binz zu D. vgl. S. 239ff.

es existierten ein paar Novellen:
In der in den „Südwestdeutschen Heimatblättern" erschienen Fassung des Aufsatzes verwendet Binz an dieser Stelle
den Begriff „psychoanalytische Novellen".

Rose Ferron:
1919/20 in zwei Teilen ersch. Roman der saarl. Trivial-
autorin Lisbeth Dill (1877–1962).

Paul Keller:
Dt. Schriftsteller u. Publizist (1873–1932), verfasste v.a.
märchenartige Romane über seine Heimat Schlesien.

Neunkircherstraße 19, wohin:
D. wohnte mit der Familie vor dem Umzug in die Neunkircherstraße drei Monate in der Marktplatzstraße 7.

das eine Kaffee:
Gemeint ist wohl das in der Neunkircherstraße gelegene
Kaffee Gio.

Schloßkaffee:
Beliebter Treffpunkt im Saarbrücker Stadtteil St. Johann

direkt an der Neuen Brücke (heute: Luisenbrücke) rechts der Saar gelegen. Vgl. Abb. S. 92 u. S. 93.

Malepartus:
Das an der Ecke Viktoria- u. Kaiserstrasse gelegene, im florentinischen Palaststil erbaute u. 1896 eröffnete Hotel Messmer war – neben dem Excelsior – jahrzehntelang das angesehenste Hotel der Stadt. Das Weinrestaurant Malepartus im Hotel Messmer war über die Grenzen des Landes hinaus bekannt. Vgl. Paul Peters: „Saarbrücker Erinnerungen", Saarbrücker Druckerei & Verlag, o. J. (2000), S. 55f.

Sanitätsamt:
D. meint vermutlich das Garnisonslazarett in der Virchowstraße 20a, ein imposanter Komplex auf dem Saarbrücker Winterberg (vgl. Abb. S. 88). 1919 wurde das dem preußischen Staat gehörende Gebäude samt Gelände den beiden christlichen Gemeinden überlassen, die bis heute dort zwei Krankenhäuser betreiben, das (kath.) Heilig-Geist-Krankenhaus u. die (evang.) Klinik Rotes Kreuz.

Classen:
Interessanterweise fehlt dieser Name vier Jahre später in dem Nachdruck in den „Heimatblättern". Aus den militärhist. Quellen geht allerdings hervor, dass D.s oberster Vorgesetzter der Generalarzt Dr. Johannes war. Abb. S. 67.

Ehrental:
Bis heute beliebtes Ausflugsziel am Stadtrand von Saarbrücken, unmittelbar an der französischen Grenze gelegen.

Das Saarbrücker Hotel Messmer
(Foto Stadtarchiv Saarbrücken)

Das Weinrestaurant Malepartus im Hotel Messmer
(Foto Stadtarchiv Saarbrücken)

Das Gespenst vom Ritthof

Der Ritthof
bei Bliesransbach
(ars)

Das Gespenst vom Ritthof

Wie Johann einmal vom Ritthof herunter kam, rieselte am Wege etwas

Blaues Wolkiges von Menschengestalt an ihm vorbei. Er begleitete die

Figur, die von der Gegend der Fähre herzukommen schien [u hinter der

Haare wehten], sie lief über die abfallende grüne Wiese wie ein aufrechter

Rauch. Über das Bächlein floh sie; er sprang noch rechtzeitig in großen

Sätzen hinterher, um sie in der Gegend der Bliesbrücke verschwinden zu

sehen. Johann schlenderte [?] nachdenklich und erhitzt nach Bliesschweien

hinein, er ging im Zickzack, kehrte um zur Brücke und kam kurz vor

Anbruch der Dunkelheit an ein scheunenartiges

Erste Seite eines sechsseitigen Entwurfs (DLM)

Wie des Karl Völkers Sohn Johann vom Ritthof herunterging, wo er den heißen Nachmittagskaffee getrunken hatte, rieselte am Wege nach Fechingen etwas Wolkigblaues, Niedriges von Menschengestalt an ihm vorbei. Er verfolgte den Schatten, träumend: „Dich kenn ich, oh, wir haben uns schon gesehen". Die Haare der Gestalt wurden von dem Märzenwind lang und wagerecht ausgezogen, sanft lief sie und bewegte kaum die Füße und die Arme, als wäre sie mit Bändern umwickelt. Sie mußte von der Gegend der Fähre herkommen; über das dünne Grün der Wiese lief sie gleichmäßig wie aufrechter Rauch. Sie floß über den Bühlbach; er suchte lange, bis er eine schmale Stelle fand. In weiten Sätzen machte er sich hinter ihr her. An der Holzbrücke vor dem Dorf drehte sie sich, rechts, links. Da hatte er sie aus den Augen verloren.

Dicht am Eingang zu Bliesschweien, dem Dorf, wehte das Fähnchen vom Wirtshaus. Da trank Johann Völker in der niedrigen langen Stube ein Glas gelben Saarwein. Und als er eine viertel Stunde am Kieferntisch gekauzt hatte, kam ein scheues, bäurisch gekleidetes Mädchen ohne Hut zur Tür herein, das einen Eimer und ein Tablett mit leeren Weinkaraffen trug. Sie bewegte sich, als sie den Eimer neben dem Schanktisch abgesetzt hatte, blaß und erschrocken zwischen den dicht belagerten

Tischen herum, warf die Augen auf Johann. Er fragte sie, indem er das leere Glas von sich schob, ob sie mit ihm trinken wolle und warum sie so erschrocken sei. Ach, lächelte sie, das sei nur, weil er eine blaue Mütze trüge, die stünde ihm so gut, darüber habe sie sich gefreut. Aber warum sie denn jetzt Wein trinken solle, da sie doch gar keinen Durst hätte. „Wir wollen zusammen essen", schlug Johann mit der Faust auf die Holzplatte, da er das Mädchen immer schöner fand. Aber sie zwinkerte mit den Augen, kniff ein verschmitztes Grübchen in die Wange, kicherte ganz hoch in der Kehle mit geschlossenen Lippen, ließ ihre Karaffen füllen.

Johann blieb die Nacht über in dem fremden Wirtshaus. Tags darauf und öfter begegnete er dem Mädchen mit dem Eimer; sie war die Tochter des Schmiedes Liewennen und hieß Kätti. Er wanderte mit seiner blauen Mütze, in dem jungen ebenmäßigen Gesicht die randlose Brille, an den dünnen langen Beinen Radfahrhosen und braune Segeltuchschuhe, wanderte zwischen der Schmiede und der Schenke des Nikolaus Schlöser her und hin. Sie freuten sich miteinander den ganzen Sommer. Sein Vater wußte nicht, wo er hauste, glaubte, Johann hätte eine Reise wieder über den Ozean auf einem Frachtdampfer oder auf einem Segelschiff angetreten.

Im August quartierten sich vier lustige Herren aus Trier beim Nikolaus Schlöser ein. Mit denen ritt Johann auf die Hühnerjagd; sie knallten den halben Tag über, abends warfen sie sich in der Laube neben der Bliesbrücke auf den Rasen, stießen den Gartentisch um, pflanzten eine brennende Kerze in die Erde und spielten Karten, bis die Hühner krähten. Kätti hörte nichts von Johann. Feine Mädchen brachten die Trierer Herren manchmal in die Laube und zum Schlöser. Johanns Gesicht wurde vom Trinken und Lumpen dick. Statt der leichten Füße in Segeltuchschuhen scharrten die Latschen eines kleinen Jungen zur Schmiede herüber; er brachte Grüße und ein Bündel Rosen von Herrn Johann Völker.

Aber sie war schlauer als er hinter seiner gläsernen Brille. Sie ging in die Honoratiorenstube, wenn die fremden Weiber mitpokulierten, sangen und kreischten, ließ sich verschämt bei der Hand fassen, ihre hochausgeschnittenen Augen wanderten; den Fingern, die nach ihren Zöpfen tasteten, wich sie aus; sie warf sich dem schmunzelnden Johann, zwischen Tischkante und Stuhl sich einzwängend, brustangeschmiegt auf den Schoß. Und als sie ihn mit der Eitelkeit gefangen hatte, kicherte sie eines lärmenden Abends, während er im Korridor ihren Kopf nehmen wollte: „Guten Tag, Johann, lebwohl", hing sich an den Arm des spitzbärtigen Jägers aus Trier[,] der eben in grünen Wickelgamaschen, geschniegelt, gescheitelt, keck aus seiner Stube spazierte und im Vorüberziehen, elegant fußscharrend, Johann mit einem Finger auf die zuckende Schulter tippte. Das war an einem Sonntag. Karl Völkers Sohn vergaß den Tag nicht. Und im Moment, wo sie vorüber waren, fühlte er einen Zwang, aus dem Flu[r]fenster nach der Brücke hinzusehen, und wie er sich abwandte und nach unten vor die Haustür blickte, da hatte sich die Liewennen, – im sauber gewaschenen weißen Kleidchen hüpfte sie hinter einer kleiderrauschenden Dame in das Kabriolet, – da hatte sich die Liewennen verändert. Über ihrem gebügelten Rock lag es; der Rock dampfte; streifig, der Länge nach war er tausendfach gefältet; von dem rosenblumigen Hut, den sie sich eben weit in den Nacken stülpte, goß sich ein Staub, ein feiner Ruß, der um ihre Schultern schwälte.

Johann verließ seine Stube nicht; eine höllische Wut und Raserei nahm ihn gefangen. Er berührte keine Flinte; die Karten, die man mit rotem Wein begossen zu ihm hinaufschickte, streute er auf den Flur vor die Stube der vier. Dann machte er sich verbissen hinter die Schmiedstochter. Er sah, er übersah dieses Flüssige, Dünne, Zittrige, das sie umgab, das aus ihren Kleidern, von ihrem freudevollen Gesicht wie der Dunst aus warmem Wasser aufstieg. Es beunruhigte ihn nicht. Er brütete, war der Spürhund hinter ihr, haßte sie. Aber so oft er sich auch in seiner Stube einschloß und den Federhalter zur Hand nahm, er konnte sich nicht entschließen, dem alten Karl Völker im Hessischen zu schreiben, daß man mit der Schiffahrt mal ein Ende machen müsse; im Mittelmeer sei es jetzt sehr heiß, sein Kapitän wolle nach Rumänien, um Petroleum zu laden, und das könne er nicht mehr riechen. Er kaufte sich einen grünen Jägerhut, ließ sich die Haare bis auf den Wirbel scheren, frech wuchs auf seiner Lippe ein blondes Schnurrbärtchen. So ritt er und schlampte wieder mit den Trierern, den wilden Vögeln. Seine schlanken Rennerbeine zitterten und wackelten wie einem Greis, wenn sie Arm in Arm auf den finsteren Kuckucksberg seitlich von Ransbach schlenderten und Speere warfen nach einer angebundenen schneeweißen Geiß, die ängstlich mäckerte, Blut spritzte, unter Gebrüll zertreten wurde. „Aas!" keifte Hannes Völker heiser, zog sich die rotbefleckten Schuhe aus und hackte tobend dem verreckenden Vieh rechts und links in das Maul, auf die Zähne; Gras und Erde stopfte er in den Schlund hinzu, während die anderen vier ihre Eisenstäbe gegen die entzündeten übernächtigen Larven drückten und vor Lachen den Buckel krümmten.

Des Schmiedes Liewennen Kätti mied das Wirtshaus; der Curator habe wegen ihrer Eitelkeit mir ihr gesprochen. Aber das stillte seine Wut nicht. Im bäurisch weiten Rock, mit berußter armloser Taille trug sie ihrem Vater vom Brunnen die Wassereimer Tag um Tag; schon wurden die Blätter an den Bäumen bunt; warm und traurig hielt sie das Gesicht gesenkt, wenn der lange Hesse ihr über den Weg stolperte. Wenn sie lief und die Eimer schwappten über, sah er ihr nach, und da liefen doch zwei. Warnend lief es, gedoppelt, machte ihn eine Minute stumm. Zweimal waren es zwei bloße Arme, zweimal schoben sich zwei Füße eng nebeneinander vor; ihr Kopf hatte hinten dicke, festgesteckte und bebänderte Flechten, der andere war glatt, er schwankte bald rückwärts bald seitwärts von ihrem, und wenn sie ihren auf die Brust legte, so stand der andere dünn in der Luft da, gegen dunkle Baumstämme hob er sich hell ab; so glattgestrichen war er von allen Seiten. Sie blieb eines Mittags, ohne die Eimer abzusetzen, vor dem Denkmal des heiligen Quirin auf dem Dorfplatz stehen neben ihm und flüsterte rasch, das schräge Hütchen kleide ihn nicht gut, er solle sich die Haare wachsen lassen und die blaue Mütze aufsetzen. Johann schnalzte verächtlich mit der Zunge, daß es über den Platz knallte, schleuderte mit einem stolzen „Juhu" das Hütchen an der Krämpe in die Luft und fing es auf, während er ein Bein hochzog und wie ein Storch auf einer Spitze stand. Die Eimer schlugen ihr gegen die Hakken, das Wasser spritzte gegen ihren Rock, rasch lief sie davon.

Und eines Sonntags fuhr ein Wandertheater auf den Marktplatz vor das Gemeindehaus mit drei grünen Wagen, schlug seine Bretterbude seitlich vom heiligen Quirin auf. Da brachte der geschminkte Ausläufer des Direktors dem Hessen ein Billett, das habe, so erwähnte er mit graziösem Hin- und Herwinden und süßem Gurgeln vor dem Herausgehen, eine bekannte unbekannte Person bezahlt, beglichen, honoriert. Das Schicksal der Kaiserin Dorothes von Byzanz würde nach dem Gottesdienst die Bewohner von Bliesschweien erschüttern, auch viele Nachbarorte seien voll Teilnahme, kein Auge würde tränenleer bleiben.

Der Hesse nahm ein rotes Taschentuch und legte es auf seinen Platz, die erste Bank vor der Bühne, stellte sich an sein Fenster, um das rote Taschentuch und den Nachbarplatz zu beobachten. Nun sollte die Liewennen, die Liewennen be[s]traft werden für ihren Verrat. Das Theater begann. An dem Haustor des Bäckers, im Schatten, spielte Kätti mit den Kindern, in ihrem weißen bauschigen Kleid; sie warf von Minute zu Minute einen Blick gegen das Seil am

Denkmal, wo die Billettabnehmerin auf einem Stuhl schlief. Dreiviertel des Stücks waren zu Ende, längst ging keiner durch die Billettsperre, schon wanderten ältere Leute zurück, um noch vor Nacht ihre Dörfer zu erreichen oder sich einen Platz in der Schänke zu sichern. Die Liewennen kletterte auf den kleinen Tritt, lugte vorgebeugt, an der mörtelstreuenden Wand sich haltend, über das leinwandumspannte Carré; ganz leer die erste Bank, aber auf einem Platz sorgfältig hingebreitet ein rotes Taschentuch.

Sie fühlte einen Stich im Herz, vorsichtig, blaß stieg sie den Tritt herunter, dann rasch zum Seil über den leeren heißen Platz, sie scheuchte die Kinder zurück, die weinten und mit hineinwollten; gleich wäre sie wieder da. Das Gedränge im Gang; „ach, bitt Euch, mein Platz ist vorne, laßt mich durch". Nun saß sie vorn, drückte zitternd das Tuch gegen ihre weiße Bluse, wagte nicht, von allen Seiten beobachtet, unter dem Rollen der Bühnenrhetorik, den roten Stoff zu entfalten, das Zettelchen zu lesen, das wohl drin lag. Schon waren oben die vier Anstifter und Mörder der gottesfürchtigen Kaiserin handelseins; wieder drängte ein Ehepaar heraus. Die Liewennen, glühend, kopfgeduckt, schob sich hinter sie, wie ein Hähnchen unter die Flügel der Henne. Aufgeschreckt rückte die hutzlige verschlafene Frau, die Billettabnehmerin, mit dem

Stuhl nach rechts. Die Liewennen rannte an den jauchzenden Kindern vorbei; „Kättchen" riefen sie, „komm her; hier sind wir ja, hier." In die Blindgasse des Fuhrherrn Bell floh sie; nichts in dem Taschentuch; ein blaues Zeichen J. V. Da knüllte sie es in dem kühlen Gang vor ihrem gespitzten Mund zusammen, weinte und hatte den Wunsch, das Tuch sich über die Stirn, die Augen zu legen, über den Kopf zu breiten.

Plötzlich hörten die Kinder auf zu kreischen. Hinter ihr, neben ihr bewegte sich der verlumpte Hesse in rosa Hemdsärmeln, hatte die Brille auf die Stirn geschoben und stierte sie mit wasserblauen Blicken über ihre Schulter an; sein Atem strich an ihrem Hals entlang.

„Für wen willst du dich mit meinem Taschentuch putzen?"

Sie zuckte mit lautem Aufweinen nach dem roten Lappen auf ihrem Haar, stopfte ihn in ihren Brustausschnitt, hatte die Hände frei, tastete flehend nach seinem Ärmel.

„Wen willst du mit meinem Taschentuch locken?"

Es lag ihm nichts an ihr. Sie war ihm gleichgiltig wie die abgebrochene Deichsel zu seinen Füßen. Er bedauerte sie, während er nach ihr griff. Als das Mädchen mit heißem Wimmern über ein Rad in die Knie stürzte, fuhr eine ungesehene Hand vor seinen

Hals, schnürte seinen Hemdkragen zusammen. Das Gespenst drängte sich, während er torkelte, in seine leer rudernden, schlingenden Arme, mit roten Äderchen überzogen wie ein angebrütetes Ei. Zwischen zwei Ställe schob ihn die bewegungslose, wie auf Rädern gleitende Gestalt, rammte ihn gegen einen Pfosten. Er rang mit ihr keuchend, sie zu bewältigen, sie totzumachen, wegzuwischen. Als er ihren Kopf zwischen den Handtellern einspannte, wollte er ihr ins Gesicht speien. Aber sie, ohne die Miene zu verziehen, machte langsam eine Bewegung von unten herauf mit beiden Mittelfingern, eine Bewegung, die er nicht verstand, wiegte ihren Kopf aus seinen nachgebenden Händen rückwärts. Schamlos grinste sie lippenwulstend und kam näher. Sie strich dicht, Nase an Nase mit ihm, kitzelnd unter sein Kinn, unter seine Achseln. Und ihr Gesicht, – er konnte aufseufzend nicht sagen, wie es aussah. Es war ihm bekannt, so bekannt, so unheimlich vertraut.

Er wollte, das Kinn andrückend, die gelähmten Arme von ihrem Hals sinken lassen, da hatte er dicke Beulen auf der Stirn; seine Weste war aufgerissen und es klatschte gegen seine Brust. An die Hand faßte sie ihn und warf ihn mit einem Schwung herum, über die Beine der winselnden Liewennen, durch das offene Tor, in den Pferdestall zwischen die Pferde.

Der Abdruck der Erzählung folgt dem Erstdruck in „Der Sturm" (6. Jg., Nr. 13/14, Okt. 1915, S. 80f). Grundlage der Fassung in „Die Ermordung einer Butterblume", Walter Verlag, Zürich/Düsseldorf 2001, S. 219-224, ist die erste Buchausgabe in „Die Lobensteiner reisen nach Böhmen – 12 Novellen und Geschichten", Georg Müller, München 1917, S. 185-194. Beide Fassungen sind nicht textidentisch.

Bühlbach:
Entspringt bei Bliesransbach, fließt in die Ransbach, die auf der Höhe des Ritthofs in die Blies mündet.

Kabriolet:
Leichter offener ein- oder zweispänniger Gabelwagen; im Unterschied zur Kutsche einachsig.

schlampte:
Schlampen: geräuschvoll schlürfen (lt. Grimms Wörterbuch).

Kuckucksberg:
Erhebung bei Bliesransbach.

Curator:
In der kath. Kirche mit seelsorg. Aufgaben betrauter niederer Geistlicher oder Kaplan (Kuratus).

Schicksal der Kaiserin Dorothes von Byzanz:
Bevor sich D. für den „Wallenstein"-Stoff entschied, erwog er 1915/16 versch. hist. Themen. Im Nachlaß (DLM) gibt es das unveröffentl., 72 Blätter umfassende sog. Byzanz-Konvolut, eine Vorarbeit zu einem geplanten Roman. Auch später griff er das Thema wieder auf. Am 21.4.1923 wurde D.s Schauspiel „Die Nonnen vom Kemnade" uraufgeführt: „Dies Stück schrieb ich im Sommerbeginn 1921 [...]. Ich wälzte [...] wieder einen früheren Plan, den Untergang des mittelalterlichen Byzanz."

„Sie blieb eines Mittags, ohne die Eimer abzusetzen, vor dem Denkmal des heiligen Quirin auf dem Dorfplatz stehen neben ihm und flüsterte rasch, das schräge Hütchen kleide ihn nicht gut, er solle sich die Haare wachsen lassen und die blaue Mütze aufsetzen."
Quirin-Denkmal in Blies-Guersviller

Das verwerfliche Schwein

Karikatur aus dem
Simplicissimus

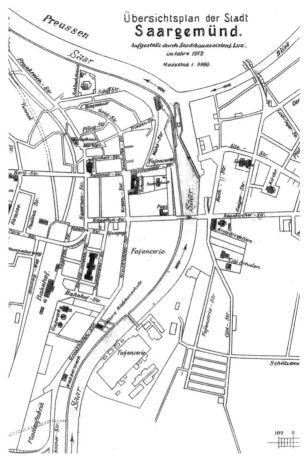

„Frühmorgens fünf ziehen sie aufrecht aus der Wirtschaft
die Neubrückenstraße herunter durch die Kapellenstraße."
(Stadtarchiv Sarreguemines)

Hubert Feuchtedengel, – Neuromanist und die zwei-
undvierzigtausend Mark seiner Erbschaft verfres-
send, aussaufend, drauf vier Jahre verheiratet, bis
ihn seine Frau verstößt, weil er nur wöchentlich einmal anschwimmt zum Verschnarchen, Verschnau-
fen und zu einem Reinigungsbad, dann Mediziner
auf Pump und Stipendien sechzehn lange Semester,
bis das goldene Staatsexamen reift, achtunddreißig
Jahr und nicht wenige Monate alt, – bringt es so
weit, daß er Medizinalpraktikant in einem lothringischen Bezirkskrankenhäuschen wird. Inzwischen
hat sich bei ihm ein exquisiter Fimmel etabliert.
Er sieht am grauen Morgen einen Bandwurm klar vor
seinen geistigen Augen, mit unzähligen regsamen,
windenden Gliedern, eierlegend, eierstreuend, eier-
regnend; in einem Bad kleiner tropfenartiger Eier
bewegt sich das Vieh stolz, zieht hin. Dann erhebt
sich der Beobachter vom Bett, steigt gedankenvoll zu
einem Romanisten aufs Zimmer; zu sprechen
braucht er nicht; der andere weiß schon: der Bandwurm ist da. Als keiner gefunden wird von einem
älteren Zechgenossen, verschwindet Hubert nach
Greifswald, erscheint nach Jahren wieder in Süd-
deutschland als selbstdenkender Mediziner. Jetzt
weiß er: er hat keinen Bandwurm; was man vor
Augen sieht am frühen Morgen, ist kein Bandwurm,
sondern Blutandrang. Und im lothringischen Hos-

pital gelangt er zu der abschließenden wissenschaftlichen Überzeugung, daß es sich bei ihm um Sepsis, um Blutvergiftung handelt, beschränkt auf den Kopf; zweifellos um einen Fimmel, aber auf Sepsis beruhend.

Sein Assistenzarzt heißt Werner Strick. Das ist ein Gewaltmensch. Feuchtedengel imponiert ihm nicht, aber sie sind Duzbrüder. Neben dem rotgesichtigen hochwüchsigen Strick, der bei der Visite mit Sporen steigt, die zutrauliche gutmütige beleibte Gestalt seines Medizinalpraktikanten, Krankenjournale vor der kurzen Stülpnase, drüber her auf die Betten glotzend, dampfend vor Eifer.

Nach zwei Monaten konsultiert im schwarzen Gehrock nachmittags um halb fünf Uhr vor der Stationsvisite Feuchtedengel seinen Chef wegen Hirnsepsis. Erklärt sofort, zahlen zu wollen, will wie ein gewöhnlicher Patient behandelt werden. Strick zieht sich die Stiefel an, wobei ihm sein Patient hilft, nimmt den erregten Besucher unter den Arm, setzt ihn im weißgestrichenen Untersuchungszimmer auf einen Eisenstuhl. „Zunge heraus!" „Aufstehen, Fußspitzen zusammen, Augen zu!" „Augen zu!" „Romberg negativ". Zieht die schweren braunen Vorhänge zu, steckt hinter Feuchtedengels Rücken die Küchenlampe an, spiegelt seine Augen. Nichts zu finden. „Schlaf dich aus, Kerl. Geh nach Hause, Kerl!"

Nach drei Wochen schwimmt Hubert wieder an im schwarzen bauchumspannenden Gehrock. Sein Chef schmeißt ihm zwei Sporenstiefel vor die Beine. Hubert knaut, ist gedrückt, stellt die Stiefel auf, bleibt demütig an der Tür. Die Krücke des Spazierstocks fliegt gegen ihn. Drei Tage ist er Luft für seinen Herrn.

Schneevoller Winter. Silvesternacht. Sie versöhnen sich im jubelnden Bahnhofslokal. Frühmorgens fünf ziehen sie aufrecht aus der Wirtschaft die Neubrückenstraße herunter durch die Kapellenstraße. Feuchtedengel kann seine Überzeugung nicht zurückhalten. Also die Medizin, sagt er, entwickelt sich, aber schwach; es gibt eine umschriebene lokalisierte Sepsis; man kann sie haben, man kann sie lange Zeit haben. Werner Strick hat seinen Paletot im Bahnhof liegen lassen, geht in einer Flauschjacke, trägt die Reitpeitsche. Er schickt den Schwaben nach der Bahn; als er den Paletot hat, der Dicke ihn wieder demütig angafft, gerät er in Stinkwut über Hubert Feuchtedengel, seinen Medizinalpraktikanten. Haut ihm den steifen Hut ein, spuckt auf das schwarze Brückengeländer, schimpft vor sich. Wie sie weiter marschieren, flucht Strick. Er habe genug von der Sache. Beißt auf seine Zigarre: „Du Schwein. Du verwerfliches Schwein. Du bist ja ein ganz verwerfliches Schwein. Jetzt aber, jetzt sollst du was sehen. Jetzt kommst du mit. Jetzt hast du deine Sepsis und wirst behandelt. Verstehst du, Kerl?"

Feuchtedengel ist einverstanden, seine Augen tränen vor Entzücken, er ist vor Rührung nicht imstande, den Hut auszubeulen. „Kerl", flucht Strick weiter, kaut an seinem kalten Stengel, „Kerl, Kerl, dich werden wir kriegen." Klirrt mit den Sporen, stubbst am Kino den Plakatständer um.

Im Doktorzimmer, mit der Linken Licht knipsend, schubbst der Assistenzarzt den Barhäuptigen gegen die Chaiselongue, streift sich die Ärmel auf. Der Dicke unsicher: „Ziehst du nicht den Mantel aus? Wollen wir die Schwester wecken?"

„Nun legst dich hin und hältst die Goschen, Luder damisches." Strick raucht krampfhaft, schluckt, sucht im Arzneischrank.

„Kriegst eins reingefuhrwerkt", giftet er seinen Schüler an, „daß du platzst. Kollargol, für deine kreuzdämliche Sepsis. Wieviel willst du denn?"

„Fünf Gramm", lächelt der glückliche Hubert, beschaut schmunzelnd seine geschwollenen Armvenen. „Nimm den Arm runter, ist noch nicht so weit. Fünf Gramm kannst du ins Gesicht kriegen von mir. Fünfzehn kriegst du. Zwanzig, wenn du nicht das Maul gleich zumachst. Ich spuck dir rein, du verwerfliches Subjekt."

Werner Strick vom Schrank weg, bürstet, wäscht sich im Paletot in den mächtigen Operationsschüsseln. Sein schwarzer Hut schwankt bei der wuchtigen Tätigkeit. Geheimnisvoll von hinten Feuchtedengel, aus himmelnden Äuglein zu seinem Chef: „Fünfundzwanzig Gramm. Ich vertrag es. Ehrenwort. Viel muß man bei mir geben. Über die Maximaldose."

Verächtlich schweigt der Chef. Das Sublimat spritzt, über die Schüssel hinweg springt der Hut. Der Schwabe rückt an, will gebückt unten den Hut fassen, kriegt von der Seite einen Tritt in die Weiche.

Massig steht mit der großen Zwanziggrammspritze aus Glas der qualmende Mensch vor dem rotbäckigen Medizinalpraktikanten, der auf dem Untersuchungsstuhl sitzt, den linken bloßen Arm, mit Gummi abgeschnürt, triumphierend hinstreckend.

Hubert bebt vor Freude, läßt sich nichts merken. Dreht den Kopf von Strick ab gegen die Wand. „Das schöne Bild", schwabbelt er schämig, „in der Klosterküche. The monastery kitchen, cuisine de monastère. Soviel Mönche und bloß ein Kalb."

Von oben faucht Werner: „Schwein, wieviel willst du haben?"

„Fünfundzwanzig" stöhnt Hubert, kann es sich nicht versagen, bettelnd den Arm des andern zu berühren.

Spießt sich die Kanüle in die strotzende Vene, der

Stempel der Spritze sinkt, die dicke schwärzlich-
braune Flüssigkeit vermindert sich.

Hubert, eisern den Unterarm auf die Lehne
drückend, knurrt, brüllt, schreit von innen heraus,
gräbt seine Stimme aus der Tiefe der Brust, windet
Gesäß, Rumpf, Schultern auf dem Stuhl, zieht das
Gesicht lang, reißt die Lider hoch, die Stirn voller
Querfalten. Der Arm ist ein Tier, das sich in ihn
verbissen hat; er will weg davon. Keucht: „Mehr,
mehr, Werner, gib nicht nach, laß nicht nach." Läßt
sich die Freude nicht brechen. Seine Füße treten
mit den Spitzen den Boden.

„Fünfzehn, du hältst das Maul, achtzehn, neunzehn,
kommst nicht weg, Junge, zwanzig, noch lange
nicht, zweiundzwanzig; jawohl, vierundzwanzig. Da
wären wir."

Dreht ihm den Rücken; bläst, geht an die Wasser-
leitung. Ein Trampeln hinter ihm beginnt.

Hohes tönendes Luftziehen, Sekunde Stille, dumpfes
Krachen, Hinklatschen, Poltern, Bersten, Splittern,
Stille. Stille.

Über den weißen Steinfliesen schwarz und ungefüg
das quadratisch geschwollene baumlange Untier,
der Dickwanst, bäuchlings hingestreckt, die Stuhl-
lehne zerquetscht unter der Brust, ein Stuhlbein
von unten aufragend zwischen den Knien wie ein
schräger Fahnenmast.

„Der Lump!" triumphierend Strick am Wasser, schlägt sich den Schenkel mit der nassen Handfläche, „fünfundzwanzig Gramm! Hab ich gesagt! Dreißig! Warum nicht vierzig! – Häh, verruchtes Subjekt. Hähä." Stampft näher: „Häh, die Zunge! Streck die Zunge raus, Kerl."

Der bewegt sich nicht.

Brüllend schüttelt Strick mit Lachsalven den Körper: „Die Zunge raus. Bist du tot, dann bist du tot. Aber halt mich hier nicht auf mitten in der Nacht, du Strolch!" Zieht sich den Paletot aus. Der Körper bewegt die Finger; die Knie krümmen sich, das Stuhlbein wackelt leicht. Strick zieht sich wieder den Paletot an, schüttet die Sublimatschüssel aus, schleudert Wassermassen aus zwei vollen Schüsseln gegen den Hinterkopf des Körpers quer durch den Raum. Das Stuhlbein bleibt stehen.

Der Wasserstrahl braust in den Behälter. Schüssel auf Schüssel wirft immer zorniger Strick über den Körper. Wutglühend schmeißt er Schüssel samt überschwappendem Wasser gegen die schwarze ungerührte Masse: „Da hast du den ganzen Salat. Das halbe Meer! Am besten wärs, es wäre Sand und man buddelt dich ein."

Leitung abgestellt, Licht ausgedreht, Strick trampst türeschmetternd auf sein Zimmer.

Wie er sich das Nachthemd überziehen will, kommt

es die Treppe schwer und langsam gegangen, stellt sich an seine Tür, klopft dumpf. Strick schnarcht im Halbschlaf: „Herein", legt sich zurück.

Über die Schwelle schlurrt aus dem dunklen Vorraum in das morgenlich graue Zimmer eine schräg nach hinten türmende, kopfsenkende, wassertriefende Gestalt; hinter ihr, sie am Rockkragen stützend, eine andere.

Stehen auf dem Bettvorleger, stumm.

„Werner", murmelt nach einer Weile die schiefe schwankende Masse.

„Herein", schnarcht der; reißt die Augen auf, weil ihn etwas Kaltes, Nasses anfaßt. Dann richtet er sich langsam in die Höhe.

„Wer ist denn das?"

„Werner", murmelt der vordere, „ich bin in den Fluß gefallen von der Brücke, ich konnte nicht gleich mitkommen. Du hast nicht gehört, wie ich dich rief."

„Was bist du, Mensch?"

„Ich bin in den Fluß gefallen, wie ich deinen Paletot holte. Ich habe immer gerufen."

„Dann gib mir meinen Paletot her, du Kerl; wo hast du ihn?"

„Ich hab ihn nicht."

Strick ringt verzweifelt die Hände: „Bist du nicht versoffen, du elendes Geschöpf, hat dich das Kollargol nicht umgebracht, was soll ich mit dir machen?" Überwältigt schreit er: „Raus, raus, septisches Vieh. Ich schlafe."

„Werner, du sollst mir den Arm verbinden."

„Wer ist denn hinter dir?"

Traurig flüstert der Schwabe: „Das ist der Teufel."

Entsetzt hält sich Strick den Kopf: „Was soll ich denn mit dem noch machen! Mitten in der Nacht!"

„Er hat mich rausgeholt aus dem Wasser, wie ich schon fast tot war. Du sollst mir den Arm verbinden."

„Du bist ja schon tot. Hast du so wenig medizinische Kenntnisse?"

Hartnäckig flüstert Hubert, – der Teufel stemmt ihn rückwärts, – „Du sollst mir den Arm verbinden; ein Fisch hat mich gebissen."

Strick wühlt sich hilflos aus dem Bett, zieht sich Strümpfe und Hosen über, seufzt: „Komm."

Verbindet ihn unten; kopfschüttelnd sieht er die beiden abziehen, droht hinter ihnen.

Bevor er zur Visite geht, am nächsten Nachmittag, schlurrt Feuchtedengel mit dem andern auf sein Zimmer, am hellen Tage.

„Wo kommst du her; du bist doch längst tot."

„Ich bin wahrscheinlich tot; der Arm heilt aber nicht."

Strick geht um die beiden herum; der Schwabe ist ganz trocken, seine Hosen, sein Mantel verschrumpfelt, erdig.

„Deine Sachen sind ja schon trocken; wo hältst du dich bei Tag auf, Mensch?"

„Im Freien. Wenn der andere keine Zeit hat, hängt er mich an einen Baum. Davon bin ich so rasch trokken geworden."

„Das ist sehr praktisch. Aber warum holt er dich denn immer runter?"

„Mein Arm tut mir so weh. Du hast mir zuviel Kollargol eingespritzt, es ist mir eingefallen; nachher hast du mich in den Fluß geschmissen. Das gnade dir Gott. Aber ich bin schon wieder trocken."

Breitbeinig stellt sich Strick vor den andern, schlägt sich mit der Reitpeitsche gegen die blanken Stiefelschäfte: „Jetzt rede ich gar nicht mit dir Sumpfhuhn. Jetzt rede ich mit dem andern. Warum bringen Sie mir immer den Kerl her, was soll denn die ganze Trocknerei, warum verschwinden Sie nicht mit ihm von der Bildfläche?"

„Ich kann nicht, Herr. Wir haben kein Holz und haben keine Kohlen, mit der Hitze ist es aus bei uns. Ich kann keinen mehr so anbringen. Sie müssen alle erst getrocknet werden."

„Was bringen Sie ihn aber immer mir her, wo Sie doch sehen, was mit ihm los ist?"

„Ja, er will immer, Herr."

„Herr Doktor heiße ich. Aber wenn er will, was ist dann?"

„Er läßt mir keine Ruhe, er hält soviel von Sie, Sie hätten seinen Bandwurm wegkuriert. Von morgens bis abends jault er immer von wegen dem Arm, jault und jault."

„Ja soll ich denn den Kerl noch behandeln, wenn er stinkt?"

„Ich weiß nicht, Herr. Herr Doktor."

„Zum Himmeldonnerwetter, dann reden Sie doch mal Fraktur mit ihm. Vergraben Sie ihn, schmeißen Sie ihn ins Feuer. Glauben Sie denn, ich habe mein Zeit gestohlen."

„Ich wills ihm mal sagen; er ist so tückisch, so störrisch, er läßt nicht ab".

„Ich will; ich will. Das hätten Sie schon gestern tun sollen. Was sollen die Leute von mir denken, wenn ich mit so einem ungebügelten Subjekt umgehe; und dann immer zwei auf einmal. Wer wird sich von mir behandeln lassen bei dem Gestank."

„Sag ich doch auch, verdirbt Ihnen das ganze Geschäft. Ist mir peinlich, Herr. Jetzt gehst du also deiner Wege, sonst setzt es was! – Verstande wu? Vorwärts, hüh!"

Schüttelt den Feuchtedengel am Hals, daß dem in seinem pendelnden Schädel die Kiefern klappen.

„Mein Arm, mein Arm."

„Hier gibts keinen Arm. Nichts zu machen. Abfahrt."

Strick hebt die Peitsche in der Faust hinter ihnen.

Auf der Treppe wimmert der Schwabe; oben donnert es durch die Tür: „Raus, sofort raus samt dem Teufel!"

Der beeilt sich, daß sie nur so davonpoltern.

Strick vom Mittagessen auf sein Zimmer, will Briefschreiben. Vierfüßiges Getrapp auf der Treppe fängt an, an die Tür klopft es, einmal, zweimal. Strick denkt sich, ich antworte nicht. Sie klopfen weiter, stoßen mit den Füßen. Einer flüstert: „Er ist nicht zu Hause." Der andere wimmert: „Doch, er schläft. Klopfen Sie noch mal, ich kann nicht mehr."

Die Tür wackelt von den Tritten, ein Likörglas fällt vom Vertiko. Einer winselt: „Sehen Sie, er trinkt Likör." Vorsichtig wird die Tür geöffnet. Strick liegt über dem Papier, tut als ob er schläft. Der Teufel läßt den rechten Arm sinken. Feuchtedengel nach vorn gestürzt, muß auf allen Vieren kriechen, die Brust hängt dicht über dem Boden, seine Arme baumeln, schleifen nach, die Handrücken wischen den Teppich; der Kopf geht hoch, um etwas zu sehen, schlägt mit der Stirn wieder auf.

Der andere tippt den Schlafenden leise ans Ohr. Dem ist die Galle ins Blut gestiegen.

Er richtet sich vor den beiden auf, puterrot, gequollenen Gesichts, mit funkelnden Augen: „Nun hab ichs satt".

Der Teufel lässt den Feuchtedengel auf den Boden

plumpsen, stemmt sich die Fäuste in die Weichen: „Fangen Sie auch noch an mit mir?"

„Sie haben sich mit dem verstunkenen Kerl Ihrer Wege zu scheren. Sie haben -"

„Ich kann mit dem Kerl nicht fertig werden. Er läßt das Jaulen nicht sein und er läßt es nicht sein, es ist nicht anzuhören. Dann verbinden Sie ihn also und die Sache ist fertig."

Strick rast im Zimmer: „Er stinkt ja schon, Menschenskind; er fault ja, wie Sie ihn da sehen, in seinen Kleidern."

„Dafür kann ich nichts. Dafür bin ich nicht da. Dann gehen wir zu einem andern Doktor."

Unten wühlt der mit dem Kopf: „Ich will nicht; ich geh zu keinem anderen Doktor."

Strick brüllt: „Raus, raus mit euch Gesellschaft."

Packt den Schwaben, der aufschreit, ihn bettelnd anblickt, unter dem Kinn, zerrt ihn in die Höhe. Der Teufel fällt ihm in den Arm: „Sie haben den Mann nicht anzurühren. Ich laß ihn Ihnen hier liegen und hol ihn nicht ab, bis Sie ihn verbinden. Und wehe, wenn Sie ihn mir kujonieren."

Trottet zur Tür.

„Was soll ich mit dem Kerl hier?"

„Ich kann nicht den ganzen Tag mit dem verplempern. Will überhaupt nichts mehr von dem wissen. Er ist mir zuviel und ist mir zuviel. Er hat einen Fimmel. Sehen Sie, wie Sie mit ihm fertig werden."

Greift nach der Türklinke. Strick zieht ihm die Hand von der Klinke.

„Was soll ich mit dem Kerl hier, Sie. Jetzt ist er doch tot, mehr kann man doch mit ihm nicht machen."

„Lieber Herr, ich geh was essen."

„Sie sind faul. Faul sind Sie."

„Das ist mir gleich, Herr. Ich geh was essen."

„Ich bin nicht Ihr Herr."

„Ich bin nicht Ihr Hans Fipps. Ich bin ein biederer Teufel, der seine Arbeit tut wie jeder andere. Sie haben mir meinen Dienst nicht zu erschweren."

„Sie wollen mir Vorschriften machen. Lernen Sie erst Benehmen."

Da nimmt der andere die Hand von der Klinke: „Das laß ich mir nicht gefallen Das kann ich mir nicht gefallen lassen. Feuchtedengel, hilfst du mir?"

„Ich kann nicht. Er soll mich verbinden."

„Nun komm mal, wir werden schon machen."

Packt den schlappen Schwaben am Mantel zwischen den Schulterblättern mit der linken Hand, rafft ihn hoch, zieht ihn vor sich wie einen Schild, fängt an auf Strick loszugehen. Der in tobender Wut schlägt ohne Waffen drauflos, dem keifenden, bettelnden, schluchzenden Feuchtedengel gegen die Stirn, zwischen die auseinanderklaffenden

Zahnreihen, am Hals vorbei. Der andere versteckt sich. Der Medizinalpraktikant plärrt: „Der Teufel will mein Beschützer sein". „Sei nicht feige", keucht der hinter ihm erregt, „wir kriegen ihn schon".

„Er hat mir ja nichts getan".

„Wir kriegen ihn schon".

Schwapp, hat der Medizinalpraktikant einen wuchtigen Stoß gegen die Schultern. Und wie sich der Teufel vorbeugt, um zu sehen, was los ist, wettert ihm ein Schlag gegen die Schläfe, daß ihm Nacht vor den Augen wird, der Rumpf zusammenklappt, die Knie einknicken und er im Umsinken nur noch die Kraft hat, Feuchtedengel über sich zu ziehen.

Strick steht lachend über den beiden. Er ist atemlos, öffnet alle Fenster, gießt sich Kognak ein. Als er sich auf das Sofa gesetzt hat, fragt er höhnisch herüber: „Es wird Frühling im Januar. Na, wie weit sind wir?"

Neben dem Dicken rappelt er sich hoch, der dicke Körper schwankt, schaukelt. Mühsam steht der Teufel hinter seinem Schild, stöhnt: „Wir sind so weit".

Vom Sofa lacht es.

Der Teufel prustet: „Wir sind so weit".

Stramm nähert sich Strick. Der Teufel flüstert dem Dicken ins Ohr: „Ich boxe jetzt mit dem linken Arm. Und paß mal auf, was ich dann mache."

„Mit wem?" winselt der mißtrauisch.

„Paß mal auf", zischt der andere verlogen.

Wieder schmettern die Hiebe auf Feuchtedengel, jetzt springt aber der Teufel mit ihm von Ecke zu Ecke.

Auch Feuchtedengel wird hurtig, es kommt ihm vor, als ob er Kraft in den Beinen habe.

Plötzlich fühlt er sich aufgehoben; über einen Schemel fünf Schritt weit fliegt er auf den anstürmenden Feind. Der, angeprallt an Brust und Hals, zu Boden gewuchtet von der Last, taumelt rückwärts auf die Knie, kippt seitlich auf die Hände. Mit doppeltem Gekrach fallen sie hin. Im Nu hockt der Teufel über ihm, eins, zwei, drei schlägt er ihm die Faust gegen Schläfe und Augen.

Dann würgt er ihn ab, sitzt aufgeblasen wie ein Frosch über dem blauen Mann, wichtig beschäftigt, freut sich, wirft verliebte Blicke auf ihn, wie er immer weniger mit dem Mund schnappt, mit den Füßen zappelt, ganz ruhig ist. Immer wieder probiert er, ob der andere noch blauer wird.

Streichelt ihm herzlich vergnügt die Backen: „Nun bist du fertig". Sich selbst streichelt er: „Ei, ei, das ist schön."

Er geht gemächlich blasend im Zimmer herum, er sieht sich die Bücher an, er setzt sich, nachdem er sich geschneuzt hat, an den Tisch, er trinkt Kognak. Eine halbe Stunde. Die blanken Schaftstiefel Stricks glänzen herüber.

„Zu meinen Lebzeiten war ich Roßknecht. Es ist lange her. Ich will auch mal Reitstiefel mit Sporen haben wie ein Herr und eine Reitpeitsche dazu."

Setzt sein Gläschen hin, zieht mit Placken dem Assistenzarzt die Stiefel rechts ab, links ab, steigt selber ein. Die Peitsche mit dem Elfenbeingriff nimmt er vom Spind, stolziert vor dem Spiegel. „Ei, Widuwio, wie siehst du aus. Jetzt gehört sich für dich ein Pelz, eine warme Mütze, dann bist du der Herr Baron." Aus dem Spind holt er den Pelz, vom Rechen die gefütterte Mütze. Hat den Pelz am Leib, die Mütze auf dem Kopf. Sagt nachdenklich in der frischen Luft am Fenster: „Wir gehen etwas aus. Wir haben genug gearbeitet. Es ist Frühling im Januar". Feuchtedengel sieht ihn gravitätisch zur Tür stelzen: „Was soll aus mir werden?"

Verächtlich schweigt der Teufel, schließt hinter sich ab.

Die beiden liegen allein.

Ruft der Dicke nach einer Zeit: „Strick". Der ist betäubt, dreht den Kopf, glotzt seinen Nachbar an. „Strick, was machst du?"

Kläglich stottert der: „Nun bin ich auch tot." Weint: „Meine Stiefel haben sie mir ausgezogen."

Es schlägt fünf. Jammert Strick: „Wie lange sollen wir hier noch liegen."

„Ich weiß nicht. Der amüsiert sich jetzt in deinen Sachen, der spielt den Herrn Baron. Und uns läßt er liegen, als wenn es nichts wäre. Wer soll denn jetzt Visite machen: es ist fünf."

Da hebt der Doktor den Arm: „Schon fünf und noch keine Visite. Einer muß gehen, Du oder ich."

„Ich kann nicht, Werner. Ich kann wirklich nicht. Mir pellt sich schon die ganze Haut ab. Was sollen sich die Patienten von unserem Krankenhaus denken, wenn ich Visite mache."

„Zeig mal", sagt Strick. Der dreht sich ihm zu. „Ich bin noch etwas warm, ein paar Stunden wirds noch gehen. Oh je, bin ich geschunden."

Er hinkt zur Tür: die ist abgeschlossen, die Nebentür ist offen. Auf der Station sehen ihn die Schwestern an. Die eine jammert: „Sind Sie schon tot? Ach Gott, erst der Medizinalpraktikant und dann Sie."

Eine andere weint: „Es ist aber schnell gegangen. Jetzt haben wir keinen Doktor mehr." Die Dritte blickt mitleidig auf seine Füße: „Sie gehen schon auf Strümpfen."

Herzlich spricht ihm die Oberschwester ihr Beileid aus, zugleich für die verreiste Oberschwester der Nachbarstation, falls er nicht etwa wiederkommen sollte. Sie begleiten ihn zum Ausgang, geben ihm zwei Kränze mit, die sie für einen anderen gekauft haben; winken mit den Taschentüchern hinter ihm her. Vor seiner Wohnung macht er Halt: ihm ist sein Zimmer, der Teufel und Feuchtedengel zuwider; will sich zu den Kränzen einen anständigen Sarg kaufen. Der Portier leiht ihm einen Schafspelz und Filzpantoffeln. „Gehen Sie rasch, Herr Doktor", sagt er, „dann reichts zwei Stunden. Lassen Sie die Kränze hier, ich leg sie Ihnen rauf." Strick hetzt durch die Läden, in der Kapellenstraße wird er matt, läuft, um sich zwei silberne Reitpeitschen zu kaufen; oben im verschneiten Stadtpark sinkt er auf eine Bank, fällt ganz auf die Seite, herunter vom Sitz, freut sich: „Jetzt wird man mich ehrlich begraben, die beiden haben das Nachsehen." Liegt im Schnee, im Finstern.

Der Teufel, spätabends, sieht ihn liegen, klopft ihm freundlich den Schnee ab: „Man soll es nicht übertreiben, lieber Junge. Nun wird dir gleich wohler." Er führt ihn am Kragen; Strick, vergrämt über sein Pech, gerät in Zorn, weil der ihn duzt, verbittet sich das, macht sich schwer. Der andere näselt vornehm, daß er jetzt den feinen Mantel anhabe und die Mütze und die blanken Reitstiefel, und die beiden neuen Peitschen werde er sich auch behalten. Strick verlangt die Peitschen zurück, flucht, schmäht, daß der andere ihn am Weg zur Parkstraße über die Bordschwelle hinwirft, schwörend, er werde den armen Feuchtedengel holen, dann werde er ihnen die Suppe versalzen. Als die beiden an seinen Armen wackeln, bläkt und schimpft der Teufel, wer hier der feine Mann sei und wer der Prolet; wer anderen das Leben schwer mache; was seien sie beide für Lumpenbagage, der eine ohne Hut und im ungebügelten Paletot, daß man sich schämen müsse vor die Damens, der andere in Filzpantoffeln, im Portierspelz mit Mottenfraß und dabei noch mit zwei Reitpeitschen. Ohne Pferd und kann nicht mal allein laufen.

Er hängt sie zum Austrocknen statt an einen Baum, wie ihm befohlen ist, an den Latten eines Zauns auf, mit dem Blick auf altes Eisen, rostige Lokomobilen, zerbrochene Kochtöpfe. Erst am Morgen nimmt er sie herunter. Da ist Strick ganz Gift geworden. Der Teufel prahlt keck, wie er mit ihnen des Wegs zieht: „Jetzt sind wir zu dreien. Kommt noch der Gendarm und will mich verhaften, werdens vier. Ich muß mich beeilen."

Strick wiehert lachend: „Du Hund. Wenn Feuchtedengel nicht gewesen wäre, hättest du nicht mal mich gekriegt."

„Was", faucht der andere, „Hund sagt der zu mir? Und das wollen Kavaliere sein? Ich hab genug."

„Ich auch", höhnt Strick.

„Mein Arm", winselt Feuchtedengel, aufwachend, „wer soll mich verbinden?"

„Ich hab genug", brüllt der Teufel, dreht sich um sich selbst, „haltet die Schnauzen!"

Stößt, auf der Allee stehend, mit den Füßen rückwärts, scharrt wie ein Pferd.

„Was macht er nur", denken die beiden im Schneehaufen.

Er bläst sich auf, der Mantel platzt, sein Bauch dringt vor, wird groß wie ein Globus, reicht rund herum vom Hals bis unter die Knie, seine Hose folgt, seine Weste gibt nach. Seine Arme stecken wie kleine Stiele in der Kugel. Bückt sich keuchend, langt sich den Doktor, der ihn noch anspucken will, läßt ihn auf dem linken Arm, der linken Schulter nach dem Hals zu rutschen. Zwischen Weste und Hals stürzt Strick kopfüber abwärts, die Beine ragen zuletzt heraus. Die zappelnden Pantoffeln reißt der Teufel ab. Rechts versinkt Feuchtedengel. Der Bauch weitet sich, wirft Falten, steht prall. Der Teufel bläst die Backen auf. Die Kugel dampft, glüht, versengt die Kleider, dunkelblaue Flammen schlagen heraus, stehen über ihr wie eine Glocke. Der Teufel holt Luft, zieht sich schnurrend zusammen, schüttelt sich. Asche, weiße Knöchelchen fallen von ihm ab. Freundlich sieht er an seinem Bauch herunter, sagt: „Ei, liebes Bäuchlein." Hebt die Pantoffeln, beide Reitpeitschen auf, geht allein spazieren.

Zu einem Fräulein, die ihn wegen seiner erschöpften Haltung an der Großhafenstraße anspricht, sagt er: „Der eine, der Strick, Herr Strick, Herr Doktor Strick hatte starke Muskeln, aber der andere war noch schlimmer, der mit dem Bandwurm. Der knaute und maulte und jaulte den ganzen Tag und wurde nicht fertig. Es war mir zu viel. Und nun, nun sehen Sie, liebes Fräulein –"

„Gehen wir ein paar Minuten ins Café Braune, mein Herr."

„Gewiß, meine Dame. Und nun haben sie beide nichts. Nun sind sie nicht im Himmel und nicht in der Hölle. Nun sind sie einfach tot."

Der Abdruck der Erzählung folgt der Fassung in dem Band „Die Ermordung einer Butterblume – Sämtliche Erzählungen", Walter Verlag, Zürich/Düsseldorf 2001, S. 307–319.

Romberg:
Ein nach dem dt. Arzt Moritz Heinrich Romberg benanntes neurologisches Verfahren, um Störungen des Gleichgewichtssinns zu unterscheiden.

Neubrückenstraße:
Heute: Rue Louis-Pasteur, früher: Rue du Pont-Neuf.

Kapellenstraße:
Heute: Rue de la Chapelle.

Kollargol:
Ein wasserlösliches Silberpräparat, bakterientötendes Mittel bei septischen Wunden bzw. Infektionen.

Hans Fipps:
Figur von Wilhelm Busch („Fipps, der Affe").

zieht mit Placken die Stiefel:
Plagt sich damit … (lt. Grimms Wörterbuch).

Rechen:
Regionaler Ausdruck für Garderobe (Kleiderrechen).

Großhafenstraße:
Heute: Rue Poincaré.

Parkstraße:
Heute: Rue du Parc.

„Wir leiden Mangel im ,Goldenen Tor'
sowohl an Erzählerischem wie an Essayistischem."

Kultureller Wiederaufbau nach dem Zweiten Weltkrieg

Brief vom 8.8.1948 an Anton Betzner

(LA)

Briefe an Anton Betzner
1946 – 1953

Alfred Döblin
1928
(ub)

Nach dem Zweiten Weltkrieg schrieb Alfred Döblin am 6.4.1946 den ersten Brief an Anton Betzner, den letzten am 14.9.1953. Fünfzehn der siebzehn Briefe sind unveröffentlicht, der Brief vom 11.3.1952 ist auszugsweise in Briefe 1, S. 447f. abgedruckt, der Brief vom 26.7.1953 auf S. 460f.

Die Originale sind im Besitz von Betzners Enkeltochter Francesca Sassen van Elsloo (Aachen). Nur als handschriftliche Abschrift (vermutl. durch Betzner) ist der Brief vom 19.5.1952 überliefert. Kopien der Originale bzw. der Abschrift liegen – wie der übrige Nachlaß Betzners – im Literaturarchiv Saar-Lor-Lux-Elsass in der Universätsbibliothek Saarbrücken (Bestand BE-K-Map 102 I u. II). Eine Kopie des Briefs vom 20.10.1952 besitzt Betzners Schwägerin, Frau Katharina Welter-Strempel (Schiffweiler).

Die Briefe vom 19.7.1949, 19.9. und 20.10.1950 waren an Betzners Baden-Badener Adresse „Müllenbach 90" gerichtet, die Briefe vom 11.3. und 24.4.1952 gingen nach Fechingen (Saarl.), die vom 16.6., 2.7., 10.7., 23.8., 20.9. und 22.10.1952 an seine Blieskasteler Adresse „Auf der Agd 28". Döblin vergaß gelegentlich, die Straße anzugeben, oder er verwendete falsche Hausnummern. Die Straße „Auf der Agd" wurden inzwischen umbenannt, das Haus hat nun die Anschrift „Kirchstraße 16". Bei den restlichen Briefen ist keine Anschrift erhalten.

Drei der Briefe (19.7.1949, 19.9. und 20.10.1950) sind auf Bögen mit dem Briefkopf der Zeitschrift getippt („Das Goldene Tor – Monatsschrift für Literatur und Kunst / Verlag von Moritz Schauenburg in Lahr / Baden-Baden / Postfach / Die Redaktion") oder tragen den Absenderstempel „Das Goldene Tor – Redaktion".

Anton Betzner (13.1.1895 – 18.2.1976)
(Foto Saarheimat)

Baden-Baden Pension Bischof Römerplatz 2

6.IV.46

Lieber Herr Betzner,

Ihr Brief und Ihr Gedenken hat mich gefreut. Also ich bin zurzeit hier mit der Vorbereitung einer literar. Zeitschrift beschäftigt, deren 1. Nummer ich gerne schon im Mai herausbringen möchte. Bitte schicken Sie mir von sich etwas, also Gedichte, ein zusammenhängendes Romanstück (nicht über 10 Schreibmaschinenseiten. Eventuell mehrere solcher Stücke) und auch Beschreibendes von Landschaft etc., – eine und die andere Erzählung (nicht über jenen Umfang!) –

Sie schreiben, I.H.B., ob Sie mir irgendwie behilflich sein können. Erstens also in der Weise, wie ich eben schrieb. Dann: Interessiert Sie eventuell Teilnahme an Redaktionsarbeit? Ich könnte schon eine Hilfe brauchen; man müßte schon hier am Platz wohnen und sich am Manuskriptlesen, Buchbesprechungen beteiligen; ist das was für Sie?

Lassen Sie mich jedenfalls bald in den Besitz von einigen Manuskripten kommen – und schreiben Sie mir bald!

Mit schönsten Grüssen Ihr

Alfred Döblin

P.S. Manuskripte werden natürlich honoriert, in Mark. Für diese Redaktionsmitarbeit stehen ca. 600 Mark monatl. zur Verfügung.

Betzner:
Anton Betzner (1895–1976), Schriftsteller u. Journalist, Zeitschriften- („Das Goldene Tor", „Du selbst") u. Rundfunkredakteur (SWF). Freie Mitarbeit beim SR. Mit D. befreundet. Wohnte zeitw. – wie D. – in Baden-Baden. Später u.a. im Saarland (Fechingen u. Blieskastel), wo ihn D. besuchte. Autor mehrerer Romane, u.a. „Antäus" (1929), „Die Gebundenen" (1930), „Basalt" (1942), „Die schwarze Mitgift" (1956), „Der vielgeliebte Sohn" (1960).

Vorbereitung einer literar. Zeitschrift:
„Das Goldene Tor". Das erste Heft kam am 1. Oktober 1946 in die Buchhandlungen.

Bitte schicken Sie mir von sich etwas:
Die ersten Texte von Betzner, die Gedichte „November" u. „Der Landstreicher", wurden in Nr. 2/1946 (Okt./Nov.), S. 172f, abgedruckt. Von Betzner sind insges. 10 Beiträge erschienen. Vgl. Birkert, Tor, S. 297.

Teilnahme an Redaktionsarbeit:
Betzner trat im April 1946 in die Redaktion ein. Vgl. Birkert, Tor, S. 231. Mehr darüber S. 251ff.

Handschr. Brief vom 8.8.1948 · An Anton Betzner

Nizza, 8.8.1948

Lieber Herr Betzner.

Dank für Ihren Brief. Auf die Sache Dreecken von hier aus zu reagieren, scheint mir nicht möglich. Der Vorschlag sieht ganz nach diesem Gauner aus. Wir müssen zunächst jedenfalls sehen, die jetzt umbrochene nächste Nummer fertigzubringen, und ich hoffe, das erfolgt bald. Dann bin ich zurück und wir sehen weiter. Abfahre ich hier Freitag abends oder Samstags gegen 2 Uhr mittags, so dass ich spätestens Sonntag Mittag gegen 2–3 zuhause bin. Bitte wollen Sie doch Herrn Sonntag bestellen, er möchte am Montag nicht erst um $1/2$ 12, sondern um 9 kommen, er kann ja das am vorangehenden Freitag-Sonnabend ausgleichen. Er kommt ja wieder aus seinem Urlaub an diesem Montag; er möchte für mich anrufen Freiburg 1171, Optische Centrale Grewe; da habe ich seit über 6 Monaten eine Brille zur Reparatur, auf Nummer 007224, er möchte fragen, ob diese Bestellung meiner Gläser überhaupt ausgeliefert wird, wenn nicht, bitte ich um Rücksendung des Gestells. – Private Post könnte er am Freitag in m. Wohnung abgeben. – Furchtbar heiß ist es hier; meinen Sohn habe ich gesehen, die Taufe des Enkels ist Dienstag; ich habe schon enorm genug von diesen Ferien. „Sicherholen" und das Meer anstarren (das Meer muß uns alle für große Idioten halten). Ich habe in den zwei Wochen nur Zeitungen lesen können.

Lieber Herr Betzner, schöne Grüsse Ihnen u. auch Frl. Strempel.

Ihr Döblin

P.S. Eventuell möchte H. Sonntag m. Brille aus Freiburg abholen.

die Sache Dreecken:
Der Verleger u. Schriftsteller Wilhelm Dreecken (1887–1968) war Geschäftsführer des Verlags Moritz Schauenburg u. damit Verleger der Zeitschrift „Das Goldene Tor". Aus der Arbeit von Birkert geht nicht hervor, worauf D. mit seiner Bemerkung angespielt haben könnte. Zu Dreecken S. 250.

Herr Sonntag:
Friedrich Sonntag, bis Okt. 1948 D.s Sekretär. Vgl. Birkert, Tor, S. 232.

hier:
D. hielt sich von Ende Juli bis Mitte August in Nizza auf.

in meiner Wohnung:
D. wohnte seit Ende Juni 1946 in Baden-Baden, Schwarz-waldstraße 6.

meinen Sohn:
Klaus Döblin/Claude Doblin, der 1940 nicht mit der Familie in die USA emigrieren konnte, sah bei diesem Treffen seine Eltern u. seinen Bruder Stephan erstmals wieder. A. u. Erna D., Stephan D. u. seine Frau Nathalie sowie deren erstes Kind Francis reisten nach Nizza, um am 10.8.1948 D.s 70. Geburtstag u. die Taufe des Enkels zu feiern. Claude D. betrieb in Nizza ein Dekorationsgeschäft.

Frl. Strempel:
Betzners spätere Ehefrau Helen. Vgl. Anm. zum 2.7.1952.

[Baden-Baden] 19.7.1949

Lieber Herr Betzner,

mir fällt eben dieser Zeitungsausschnitt in die Hand, ich weiß nicht ob Sie ihn kennen. Er stammt aus der Berliner Zeitschrift „Der Sonntag".

Schöne Grüße und gute Gesundheit
Ihr

Alfred Döblin
Rückgabe nicht nötig!

handschr. Zusatz:
Herzliche Grüße u. alles Gute
Ihr Oskar Müller

dieser Zeitungsausschnitt:
Nicht ermittelt.

Der Sonntag:
Sonntag – Eine Wochenzeitung für Kulturpolitik, Kunst u. Unterhaltung, hg. vom Kulturbund zur demokr. Erneuerung Deutschlands (Berlin, Aufbau Verlag), ersch. 1946 bis Okt. 1990, dann mit „Freitag" vereinigt.

Oskar Müller:
Nicht ermittelt.

Mainz 19. September 1950

Lieber Herr Betzner,

Beiliegt das MS von Herrn Lohmeyer, das Sie so guetig waren mir zuzusenden.

Ich habe nichts einzuwenden und es soll mich freuen, wenn es bei Ihnen besprochen wird.

Wie geht es Ihnen selber? Und Frl. Strempel? Ich hoffe gut.

Wir leiden Mangel im „Goldenen Tor", sowohl an Erzaehlerischem, wie am Essaystischen [!]. Vielleicht haben Sie etwas auf Lager.

Schoene Gruesse
Ihr

Dr. Alfred Doeblin

MS von Herrn Lohmeyer:
Der Schriftsteller Wolfgang Lohmeyer wurde in der 2. Hälfte 1949 Nachfolger der Redakteure Anton Betzner u. Herbert Wendt. D. war bereits Ende 1946 auf ihn aufmerksam geworden u. hatte erwogen, einige seiner Gedichte im „Goldenen Tor" zu publizieren. Vgl. Birkert, Tor, S. 232f. Lohmeyers erster Beitrag (eine Rezension) erschien im Jan. 1947 (2. Jg. Heft 1), sein letzter im Juni 1950 (5. Jg. Heft 3: „Schicksalslenkung – eine Burleske").

Mainz 20. Oktober 1950

Lieber Herr Betzner,

Ihr MS „Ein Kinderbildnis" ist sehr schoen, hat bei uns hier vollen Beifall gefunden und wird in der No. 6 der Zeitschrift, also der im Dezember erscheinenden, abgedruckt werden.

Ich habe sofort gemerkt und weiss: Solch Milieu kennen Sie aus dem ff; und die Sache steht gut da. Vielleicht finden Sie Zeit, gelegentlich wieder etwas zu senden.

Herr Lohmeyer schreibt Ihnen noch besonders.

Schoene Gruesse an Sie und an Frl. Strempel

Ihr

Dr. Alfred Doeblin

MS „Ein Kinderbildnis":
Die Erz. („Kinderbildnis") ist abgedruckt in: 5. Jg. Heft 6, S. 453-459.

Solch Milieu:
Die kurze Erzählung kontrastiert (sehr plakativ) die moralische Verkommenheit u. sexuelle Haltlosigkeit dreier Erwachsener mit kindlicher Naivität u. Unschuld, verkörpert durch die beiden zehnjährigen Freundinnen Ulli u. Juliane. Ulli wird von Mutter u. Tante, die verwitwet sind, ermuntert, sich an einem Whiskygelage mit einem ‚Onkel' zu beteiligen.

Mainz 11. März 1952

Lieber Herr Betzner,

Ich habe schon durch Lohmeyer, der vor einigen
Monaten in Baden-Baden war, gehört, dass Sie
sich vom SWF entfernten und nicht mehr dahin zurückkehren wollten. Wenn man so ungefähr die
Ansicht hat wie Sie, dort am Rundfunk, versteht man
es. Ich habe nicht angenommen, dass Sie lange
diese Atmosphäre ertragen können. Nun sind Sie
also an die Saar gegangen, von wo Sie kamen, und
das ist in der heutigen Zeit und unter den heutigen
Umständen bestimmt das beste und gesündeste,
was Sie tun konnten, vorausgesetzt, dass Ihnen dort
Lebensmöglichkeit geboten wird, das ist ja wohl am
Rundfunk dort der Fall, Sie erzählten mir, dass man
sich schon oft um Sie bemüht hat.

Sie wissen, lieber Betzner, die alte Garde ist weder
gestorben, noch hat sie sich ergeben, und hier zu
Lande, so kommt einem manchmal vor, wartet sie
nur darauf, sich wieder im dröhnenden Schritt und
Vehemenz auf die Strasse zu begeben. Was haben
wir da zu tun, aber das beweist garnichts, denn so
war es schon an dem Tage, als man Gott selber ans
Kreuz schlug. Man hat sich nur entlarvt, man hat
nicht gesiegt und nichts war bewiesen. Also keine

Entmutigung, sondern Geduld, Zuversicht und absolute Gewissheit.

Sie wollen meine Pilgerin „Ätheria", ich schicke sie Ihnen zu. Es gelingt mir nicht, weder für die „Ätheria", noch für den „Hamlet", noch für das zweite Religionsgespräch (Der Kampf mit dem Engel) hier einen Verleger zu finden. Der Herder-Verlag, Alber, hatte auch die „Ätheria", er erklärte, ergriffen zu sein von der religiösen Intensität und schickte mit Krokodilstränen das MS zurück, denn es bleibt ja doch nur liegen. Sie hatten kein Glück mit meinen drei Bänden „1918", das Buch wurde schlechthin boykottiert und so geht es wieder. Es erregt mich nicht, ich sehe es als ein Symptom und es gehört zur Welt, aber mein Opus kann warten, wollen sehen, wer länger durchhält, die von heute und von vorgestern oder ich, bezw. das, was ich vertrete, und es ist schliesslich auch das, was auch Sie vertreten, lieber Betzner. Nein, ich habe keineswegs den „Hamlet" in den letzten Jahren zurückgehalten, aber er ist mit der Hartnäckigkeit eines guten Haushundes immer wieder an meine Tür gekommen.

Nun etwas anderes. Ich denke auch öfter mit Vergnügen an unsere fröhlichen Stunden in der Villa Stefanie. Inzwischen bin ich nicht gesünder geworden. Aber hoffentlich geht es Ihnen gut. Ich werde

mich freuen, bald Ihren Roman lesen zu können.
Wie geht es Ihrer Frau, dem ehemaligen Frl. Strempel? Sie sind sicher dort besser dran, als in der Stadt,
scheint mir. Lassen Sie also gelegentlich wieder von
sich hören und schicken Sie mir nach gemachtem
Gebrauch die „Pilgerin Ätheria" wieder zurück, an
ihren Stammplatz, meine Schublade. Haben Sie
auch Dank für alle Aufmerksamkeiten und Bemühungen für meine Arbeiten.

Ihr

(Dr. Alfred Döblin)

Sie sich vom SWF entfernten:
Betzner war vom 1.8.1950–31.3.1952 beim SWF angestellt.

diese Atmosphäre ertragen können:
D. selbst war mit seiner regelmäßigen Sendereihe „Kritik
der Zeit", für die er von Okt. 1946 bis April 1951 mehr als
70 Sendungen produzierte, aus pol. Gründen allmählich
aus dem Programm gedrängt worden. In Vertretung des erkrankten Leiters der Lit.abteilung, Herbert Bahlinger
(1896–1974), musste ausgerechnet Betzner am 4.12.1950 D.
informieren, dass auf Betreiben der Politikredaktion sein
bereits produzierter Kommentar zur Landtagswahl nicht
ausgestrahlt werde. Vgl. Birkert, Tor, S. 583f.

also an die Saar gegangen
Betzner hat eine Reihe von Sendungen für die Literaturred.
von Radio Saarbrücken geschrieben, deren Leiter der mit

ihm befreundete Jean-Bernard Schiff gewesen ist, darunter mehrere Beiträge über D. Zu Schiff vgl. Anm. zum 20.9.1952. Abb. S. 181.

von wo Sie kamen:
Betzner wurde in Köln geboren; 1942 heiratete er die Saarbrücker Bildhauerin Änne Zenner. Er wohnte zu dieser Zeit in Saarbrücken u. arbeitete für den Reichssender Saarbrücken. Wenig später lernte er in Metz seine spätere Frau Helen Strempel kennen. Nach der Evakuierung (Beutnitz b. Jena) kehrte er mit Helen nach Fechingen zurück u. wohnte mit ihr in deren Elternhaus. 1945 zog er mit ihr nach Baden-Baden. Anfang der 50er Jahre bekam er vom Saarländischen Kultusministerium den Auftrag, den Roman „Die schwarze Mitgift" zu schreiben, u. zog wieder ins Saarland (Auskunft von Frau Welter-Strempel vom 21.9.2008).

Pilgerin Ätheria:
Ein Auszug aus dem Ms. („Die Wallfahrt nach Rom") erschien 1954 im „Almanach des PEN-Zentrums Ost und West", hg. von Herbert Burgmüller (S. 80–92). Der Text wurde mit einer weiteren Erzählung („Der Oberst und der Dichter") erst 1978 in der Werkausgabe veröffentlicht.

Hamlet:
1956 brachte der Ostberliner Verlag Rütten & Loening D.s Roman „Hamlet oder Die lange Nacht nimmt ein Ende" heraus. Die erste westdt. Veröffentlichung erfolgte wenig später als Lizenzausgabe bei Albert Langen/Georg Müller (München).

Der Kampf mit dem Engel:
Es gelang D. nicht, sein Religionsgespräch „Der Kampf mit dem Engel" zu publizieren. Es wurde mit einem weiteren

158

Religionsgespräch („Der unsterbliche Mensch"), das 1946 bei Alber erschienen war, erst 1980 in der Werkausgabe veröffentlicht.

Alber:
Schwerpunkt des Verlags Karl Alber, Teil des Herder-Firmenverbunds, ist Philosophie. Alber verlegte außer D.s „Der unsterbliche Mensch" (1946) den Essay „Unsere Sorge – Der Mensch", sowie in drei Teilen den Roman „November 1918 – Eine deutsche Revolution".

drei Bände „1918":
Der erste Band („Bürger und Soldaten") der Tetralogie „November 1918" war 1939 bei Bermann-Fischer (Stockholm) bzw. im Querido-Verlag (Amsterdam) erschienen. Die im Brief erwähnte dreibändige Ausgabe brachte Alber 1948–1950 heraus. Die erste komplette vierbändige Ausgabe erschien 1978 bei dtv (München) und 1981 in der DDR (Rütten & Loening).

ich habe keineswegs den Hamlet zurückgehalten:
Zur Vorgeschichte der Veröffentlichung vgl. Briefe 1, S. 639.

Villa Stefanie:
Altes Grand-Hotel im Zentrum Baden-Badens, erbaut im Stil frz. Schlösser des 19. Jahrhunderts. Zunächst Sitz von D.s Dienststelle, später Redaktionssitz der Zeitschrift „Das Goldene Tor".

Ihren Roman lesen zu können:
„Der vielgeliebte Sohn", Grote Verlag, Hamm 1952.

Mainz

24. April 1952

Lieber Herr Betzner,

Vor etwa 2–3 Wochen erhielt ich Ihren Roman „Der vielgeliebte Sohn". Ich kann Ihnen ganz aufrichtig und mit klarem kritischem Bewusstsein zu diesem Werk nur gratulieren, uneingeschränkt. Es ist ein Wurf, und wenn in den letzten Jahren Ihre Produktion vor der Öffentlichkeit und hinter dem Andrang der Jungen und Jüngsten zurückgetreten war, so haben Sie sich hier für jeden, der lesen und urteilen kann, neu legitimiert. Ich habe erst dreiviertel Ihres Buches hinter mir, da ich nach meiner Augenoperation ja nur mit einem Auge lesen und immer wieder aussetzen muss, ich kann ja auch nicht mehr so rasch wie früher über die Zeilen fliegen, das Auge leistet es nicht, so erklärt sich, dass ich noch nicht ganz hindurch bin durch den Band. Was für echte und nun wirklich natürliche und auf diesem Boden und in dieser Zeit gewachsene Figuren, eine wie die andere. Keine impressionistische und surrealistische Verkrampfung und Übersteigerung. Der Junge steht auf beiden Füssen vor uns und wir kennen ihn, alles, was er sagt und was ihn umgibt, stimmt. Famos ist die Erfindung über die Realität der beiden Zwillingsschwestern, psychologisch echt. Der Handlungsverlauf, nun möchte ich sagen: absolut zwingend, logisch und natürlich. Dabei bleibt nichts an der Oberfläche hängen, sondern hat alle Hintergründe, die man sich nur wünschen mag. Das hier ist Realismus und so sieht Realismus aus, nicht wie das, was uns die Ostleute vorsetzen und einreden. Ich lese dann [!] Werk noch zu Ende und schreibe Ihnen dann noch einmal.

Sie arbeiten schon wieder an einem neuen Opus? Das ist das Beste, was Sie tun können und lassen Sie sich nicht abhalten davon. Haben Sie schon Pressestimmen über den vorliegenden Roman? Ich würde gern einige Auszüge lesen.

Bei mir nichts Neues, die Gesundheit lässt zu wünschen übrig, aber gegen das Alter gibt es bekanntlich kein Kraut. Schicken Sie mir gelegentlich, nach gemachtem Gebrauch, meine „Ätheria" zurück. Nein, mein „Hamlet", den ich schon ein paar Mal einem Verleger zum Einblicken gab, kehrt wie ein Pferd, das seine Krippe kennt, immer wieder in seinen Stall zurück und da steht es gut. Lassen Sie sich es recht gut gehen, ich grüsse herzlich Sie und Ihre Gefährtin,

Ihr

(Dr. Alfred Döblin)

Roman „Der vielgeliebte Sohn":
Vgl. Anm. zum 11.3.1952.

an einem neuen Opus:
„Die schwarze Mitgift", Styria Verlag, Graz 1956.

Alfred Döblin (um 1948)
(bpk)

Brief vom 19.5.1952 · An Anton Betzner

Paris 31, Brd de Grenelle
19.5.52

Lieber Herr Betzner,

vielen Dank für Ihre beiden Briefe und über Ihr Buch werden wir uns hoffentlich bald persönlich unterhalten. Ich habe es mit anderen zur Lektüre gegeben. Dass Sie etwas mit d. Pilgerin Aetheria im Radio anfangen wollen, freut mich, und natürlich wäre es mir sympathisch, wenn Sie sich drüben einmal nach einen Verlag für die Erzählung umsehen würden.

Nun zu Ihrer Kulturwoche im Radio Saarbrücken. Sie wollen bei der Morgenfeier ein Bruchstück aus November 18 hineinnehmen, und ich sollte am Schluss etwa 10 Min. zum Europagedanken sprechen. Ich will Ihnen nunmehr gern eine Zusage geben.

Die Seiten, die ich aus Nov. 18 vorlesen soll, würden Sie mir zweckmäßiger Weise noch vorschlagen.

Ich werde also dann mit meiner Frau kommen und am Sonnabend den 28.6. spätestens da sein, und Sie geben mir noch nähere Auskunft über unsere Unterkunft, wobei ich übrigens annehme, dass Ihr Radio die Reise und Hotelkosten für 2 Personen übernimmt.

Soviel lieber Herr Betzner für heute, ich schreibe Ihnen dies aus Paris. Ich grüsse Sie schönstens und verbleibe

Ihr

Adresse ab 28.5. Mainz

Ihr Buch:
„Der vielgeliebte Sohn".

zur Lektüre gegeben:
Unklar, was gemeint ist: Die Zeitschrift „Das Goldene Tor" hatte ihr Erscheinen bereits eingestellt.

Pilgerin Aetheria im Radio:
Eine Ausstrahlung durch Radio Saarbrücken ist nicht belegt.

Kulturwoche:
Radio Saarbrücken veranstaltete unter dem Titel „Woche des zeitgenössischen Kulturschaffens" vom 29.6.–7.7.1952 zahlreiche Konzerte, Vorträge und Lesungen.

Morgenfeier:
Die live übertragene Eröffnungsfeier der Kulturwoche fand im Festsaal des Saarbrücker Rathauses statt. Vgl. S. 259ff.

Bruchstück aus November 18:
Laut „Volksstimme" (2.7.1952) las D. die „letzten Seiten aus seiner zeitgeschichtlichen Trilogie ‚November 1918'".

Europagedanken:
Die Saarbrücker Rede von D. wurde zum ersten Mal publiziert in Birkert, Kritik, S. 318-323. Sie ist hier abgedruckt S. 193ff.

Adresse ab 28.5. Mainz:
D.s Adresse lautete: Philippschanze 14. D. gab zwar oft in offiziellen Schreiben der Akademie der Wissenschaften und der Literatur, deren Vizepräsident er war, diese Adresse als Sitz der Akademie an, es war jedoch seine Privatadresse. Die Akademie residierte im Centre Mangin in Mainz-Gonsenheim (Geschwister-Scholl-Straße 2).

Masch.schr. Brief vom 16.6.1952 · An Anton Betzner

Mainz Philippschanze 14

16. Juni 1952

Lieber Herr Betzner,

Was ist eigentlich aus Ihrer Matiné am 29. Juni geworden, von der Sie mir neulich schrieben?

Schöne Grüsse

Ihr

(Dr. Alfred Döblin)

Matiné am 29. Juni:
Zur Eröffnungsveranstaltung (Matinee) im Saarbrücker Rathaus vgl. S. 259ff.

Masch.schr. Brief vom 25.6.1952 · An Anton Betzner

Mainz Philippschanze 28

25. Juni 1952

Lieber Herr Betzner,

Wir kommen also Sonnabend mit dem Zuge, der in Saarbrücken um 16.[11] ist. Und nun Aufwiedersehen und herzliche Grüsse Ihnen und Ihrer Familie.

Ihr

(Dr. Alfred Döblin)

Handschr. Zusatz (vermutlich von Marianne Sorsky):
Die gewünschten Photos schicken wir mit gleicher Post an Radio Saarbrücken.

Philippschanze 28
Schreibfehler D.s (statt 14).

Marianne Sorsky:
D.s Sekretärin.

Die gewünschten Photos:
Die Aufnahmen sind beim SR nicht nachweisbar.

Mainz Philippschanze 14

2. Juli 1952

Lieber Herr Betzner,

ich werde in doppelter Hinsicht heute früh an Sie
erinnert, einmal, indem ich die „Weltstimmen"
vom 7. Juli lese und Ihr Bild darin sehe und die
recht schöne Besprechung von Klaus Hoche über
Sie. Ich hoffe, dass der Aufsatz auch Sie erfreuen
wird, und ferner fällt mir auf dem Tisch die letzte
No. des „Merkur" in die Hand. Ich sprach Ihnen
schon in Saarbrücken von der schonungslosen
Kritik, die Walter Jens unter dem Titel „Mensch
und Gott im Drama der Griechen" an Gerhard
Nebel übt. Ich nehme an, Sie haben das Heft nicht
und schicke es Ihnen gleichzeitig zu, Sie behalten
es natürlich bei sich. Lesen Sie auch in der No.
die Kriegsbilder aus Paris, die Felix Hartlaub in
dem Heft publiziert, sehr gekonnt in Technik, die
schon Manier ist, zugleich eine rohe, ja schuss-
liche [!] Gesinnung, man sollte so etwas nicht
publizieren.

Meine Frau und ich haben uns sehr über den Besuch
bei Ihnen und die Begegnung mit Ihrer Frau und der
kleinen Antonia gefreut. Ich sehe, Sie sind jetzt auf
einem sehr guten Wege.

Ich wünsche Ihnen alles Gute für Ihre Arbeit und die schönsten Wünsche für Ihre ganze Familie,

Ihr

(Dr. Alfred Döblin)

„Weltstimmen" vom 7. Juli:
„Weltstimmen – Weltbücher in Umrissen" (1927/28–1958, Franckh Verlag, Stuttgart) war eine Zeitschrift für Rezensionen.

Besprechung von Klaus Hoche
Die Rezension von Hoche fällt nicht so eindeutig positiv aus, wie von D. angekündigt. Zwar lobt Hoche das „ungewöhnliche Vermögen des Autors, sich in die Seele und das Empfinden der Halbwüchsigen einzufühlen", sowie dessen „meisterliche Sprachbeherrschung"; der Roman sei eine „glückliche Mischung von klugem Bericht und echter Dichtung". Er kritisiert jedoch die „überlieferte Form des Unterhaltungsromans [...] ohne besondere stilistische Hilfsmittel oder Kunstgriffe"; er bemängelt die vielen Details der Handlung u. findet den Roman insgesamt „um gut hundert Seiten zu lang – und das tut der Wirkung einigen Abbruch" (S. 303–306).
In der gleichen Ausgabe der „Weltstimmen" findet sich übrigens eine Selbstanzeige D.s, vermutlich hatte er wegen dieser Notiz ein Belegexemplar vom Verlag erhalten. Sie lautet: „Bücher von morgen – Vor etwa zehn Jahren beendete ich ein vierbändiges Erzählwerk ,November 1918', in Kalifornien, es ist hier, unvollständig mit nur drei Bänden, herausgekommen und eigentlich

schon verschollen, vom Schweigen zugedeckt. Würde ich an die literarische Öffentlichkeit dieser Tage gedacht haben, so hätte ich es nicht zu schreiben brauchen. Ich schrieb nachher noch manches, ein religiöser Band ,Der unsterbliche Mensch' wurde beachtet und gelesen und hat, wie ich höre, eine gute Wirkung geübt. Nun habe ich eben einen Band beendet, der die Gedanken des ,Religionsgesprächs' fortführt und den Titel trägt ,Der Kampf mit dem Engel', ein Gang durch die Bibel. Dies Buch ist abgeschlossen und noch nicht abgeschlossen, wie es sein Thema mit sich bringt. Darüber hinaus habe ich noch keine neuen Pläne. Es sind ja hier im Land auch nur einige der Bücher herausgekommen, die ich in anderen Ländern während der Emigration schrieb. Und übrigens bin ich nicht mehr der Jüngste, ich werde 1952 74 Jahre alt" (S. 339).

letzte No. des „Merkur":
Nr. 52, Heft 6, Juni 1952.

von der schonungslosen Kritik:
„Mensch und Gott im Drama der Griechen", ebenda, S. 593–597.

Walter Jens:
Autor, Übersetzer, Hochschullehrer (geb. 1923). Jens war 1944 mit einer Arbeit über die sophokleische Tragödie promoviert worden. 1950 Lehrstuhl für Klassische Philologie in Tübingen, 1963–1988 für Allgemeine Rhetorik.

Gerhard Nebel:
Schriftsteller, Essayist, Kulturkritiker (1903–1974), beschäftigte sich intensiv mit griech. Philosophie u. Geistesgeschichte. Korrespondenz u.a. mit Ernst Jünger.

Kriegsbilder aus Paris:
„Wolken über Paris – Tagebuchblätter 1941", S. 549–561.

Felix Hartlaub:
Schriftsteller (1913–1945). 1939 Promotion, ab 1940 Tätigkeit in der Hist. Archivkommission der Wehrmacht, die die in Paris erbeuteten frz. Akten auswertete. Bis März 1945 im Bearbeiterstab des Kriegstagebuchs beim Oberkommando der Wehrmacht in Berlin. Seit Anfang Mai verschollen, festgesetztes Todesdatum: 31.12.1945. Beschrieb in seinen Aufzeichnungen plastisch, aber distanziert u.a. den Alltag im Führerhauptquartier. D. wußte offenbar nichts vom Tod Hartlaubs. Den Abdruck der „Kriegsbilder" regte vermutl. dessen Schwester Geno Hartlaub an, die 1955 die erste Werkausgabe herausgab.

kleine Antonia:
Anton Betzner war seit 1950 in dritter Ehe mit Helen Strempel (29.7.1920–21.11.1986) verheiratet. Ihre Tochter Antonia wurde am 13.4.1952 in Blieskastel geboren, sie starb am 21.5.1999. Auskunft von Frau Katharina Welter-Strempel vom 21.9.2008.

DAS GOLDENE TOR

Monatsschrift für Literatur und Kunst

VERLAG VON MORITZ SCHAUENBURG IN LAHR

BADEN-BADEN   19.7.49.
Postfach

DIE REDAKTION

Herrn
Anton Betzner
Baden-Baden
Müllenbach 90

Lieber Herr Betzner,

mir fällt eben dieser Zeitungsausschnitt in die Hand, ich weiß nicht ob Sie
ihn kennen. Er stammt aus der Berliner
Zeitschrift "Der Sonntag".

Schöne Grüße und gute Gesundheit

Ihr

Alfred Döblin

Rückgabe nicht nötig!

Herzliche Grüße u. alles Gute
Ihr Oskar Loerke

Brief Döblins an Betzner vom 19.7.1949

(LA)

Mainz Philippschanze 14
10. Juli 1952

Lieber Herr Betzner,

Ich will Ihnen nur Ihren Brief vom 3. Juli bestätigen, welcher den Hinweis auf den ‚Club der Buchfreunde' und Ihr Telefongespräch mit Frl. Thinnes enthält. Ich habe ihr geschrieben, um mit ihr direkt Kontakt zu nehmen und will dann gern mein MS an sie schicken.

Soviel, lieber Herr Betzner, für heute, empfangen Sie meinen Dank und meine herzlichen Grüsse und Wünsche für sich, Ihre lb. Frau und das ganz liebe kleine Wesen.

Ihr

(Dr. Alfred Döblin)

Club der Buchfreunde:
1947 vom Saarbrücker Minerva Verlag Thinnes & Nolte gegr. Buchclub, 1972 vom Deutschen Bücherbund übernommen. Der Club versorgte das von der Bundesrepublik abgetrennte Saarland mit Veröffentlichungen v.a. saarl. Autoren, er vertrieb auch Lizenzausgaben bundesdt. Verlage sowie Übersetzungen fremdspr. Werke. So erschien etwa 1948 eine Übersetzung von Emily Brontë's „Wuthering Heights" durch Jean-Bernard Schiff. Den Kontakt zwischen der Verlegerin bzw. dem Buchclub u. D. hatte Betzner hergestellt.

Frl. Thinnes:
Margarethe Thinnes (1908–1998), saarl. Verlegerin. 1946 zus. mit Erich Nolte Gründerin u. langjährige Geschäftsführerin des Minerva Verlags Thinnes & Nolte. Vgl. Joachim Conrad: „Margarethe Thinnes – Nachruf", in: Zeitschr. f. d. Gesch. d. Saargegend, Saarbrücken 1999, S. 11ff.

mein MS:
„Hamlet oder Die lange Nacht nimmt ein Ende" ist 1956 bei Rütten & Loening erschienen, eine westdt. Lizenzausgabe wenig später im Verlag Albert Langen/Georg Müller (München).

Mainz Philippschanze 14
23. August 1952

Lieber Herr Betzner,

Eben lese ich in der Frankfurter Allgemeinen Zeitung diese Kritik, eine sehr schöne und nützliche Kritik, über Ihren „Vielgeliebten Sohn". Ich schicke sie Ihnen gleich zu. Haben Sie Geduld, das Buch wird sich seinen Platz erringen!

In eine Unterhaltung mit der Buchgemeinschaft bin ich eigentlich überhaupt nicht gekommen, ich habe eine Bestätigung des Empfanges erhalten und das ist alles, das MS lief da ein Ende Juli, ich muß wohl noch warten. Vielleicht rufen Sie gelegentlich an und fragen wie es steht, aber machen Sie sich keine Umstände.

Wir sind eben aus Oberstdorf nach 3 Wochen zurückgekehrt, aber da es sich um Berge handelt, war es einigermaßen beschwerlich für mich. Ich freue mich sehr zu hören, dass Ihre kleine Familie sich wohlbefindet, [Sie] haben eine kleine Sonne zu Haus mit dieser Antonia.

Grüssen Sie herzlich Ihre Frau und empfangen Sie meine schönsten Grüsse. Ihr

(Dr. Alfred Döblin)

diese Kritik:
Vilma Sturm: „Glaubhafte Innerlichkeit", FAZ, 23.8.1952.

Buchgemeinschaft:
Vgl. Anm. zum 10.7.1952.

das MS:
Vgl. Anm. zum 10.7.1952.

Oberstdorf:
Im August 1952 verbrachte D. einen dreiwöchigen Kurauf-
enthalt in Oberstdorf; kurz nach der Rückkehr, am 20.9.,
erlitt er einen Herzinfarkt.

Masch. Brief vom 20.9.1952 · An Anton Betzner

Mainz Philippschanze 14
20. September 1952

Lieber Herr Betzner,

Ich habe Ihnen noch, Ihnen und Ihrer Frau, schönstens zu danken für die beiden ausserordentlich gelungenen Bilder mit der kleinen Antonia. Ich hoffe, dass das Kindchen weiter so gedeiht und Sie werden noch grosse Freude an ihm haben.

Vor etwa 10 Tagen hatte ich Besuch aus Saarbrücken, Herr Schiff zeigte sich bei mir auf dem Büro zusammen mit einem Herrn aus Kaiserslautern, beide auf einer Autofahrt zum Besuch der Studios. Es wurde eine sehr nette Unterhaltung, meine Frau hatte die beiden Herrn herbegleitet. Schiff kündigte mir auch die Vorlesung aus meiner „Heiteren Magie" an, aber es gelang mir nicht zu der betreffenden Stunde Saarbrücken in meinen Apparat zu bekommen, schade. Den Betrag hat aber das Studio prompt bezahlt. Nichts habe ich bisher von Frl. Thinnes gehört. Es freut mich von Ihnen zu erfahren, dass sie fest entschlossen ist den Hamlet zu drucken und sogar ungekürzt. Wahrscheinlich verhandelt sie noch mit der Hamburger Buchgemeinschaft. Es soll mich freuen, wenn sie mich gelegentlich etwas wissen lässt über den Stand der Dinge.

Oberstdorf liegt nun schon längst hinter mir, die Höhenluft bekam mir und meiner Frau recht gut, marschieren konnte ich natürlich nicht auf den engen und holprigen Wegen. Aber es ist eine grossartige Landschaft.

Nun, lieber Betzner, Sie sitzen ja, was die Landschaft betrifft, schon vorzüglich am Platze. Ich stelle mir vor, es muss für das literarische Arbeiten dort draussen und droben idyllisch sein. Ich bin überzeugt, selbst wenn der Bucherfolg von Ihrem letzten Roman sich z. Zt. noch nicht genügend materiell ausgewirkt hat, das wird noch kommen, und vor allem wird Ihnen dieser unbestreitbare Erfolg für Ihre Arbeit einen starken und bestimmten Antrieb geben.

Nun seien Sie und Ihre liebe Frau schönstens, auch im Namen meiner Frau, gegrüsst, von Ihrem

(Dr. Alfred Döblin)

Handschr. Zusatz:
Für Herrn Dr. Döblin erlaubt sich mit schönem Gruss unbekannter Weise zu unterzeichnen:
Marianne Sorsky

20. September:
An diesem Tag erlitt D. einen Herzinfarkt.

Herr Schiff:
Hans Bernhard (auch: Jean-Bernard) Schiff (1915–1996), Schriftsteller u. Lehrer. Der in Berlin geb. Autor kam nach dem Zweiten Weltkrieg aus dem frz. Exil ins Saarland. Zentrale Figur der saarl. Nachkriegsliteratur, erster Literaturredakteur von Radio Saarbrücken. Mußte als Anhänger von Johannes Hoffmann nach dem Referendum vom 23.10.1955 den Rundfunk verlassen u. arbeitete bis zu seiner Pensionierung als Mathematik- u. Deutschlehrer an einem Gymnasium in Saarbrücken. Verfasser zahlr. Werke, darunter Gedicht-, Aphorismen- u. Essaybände, eine Autobiographie, Sagensammlungen sowie Übersetzungen aus dem Französischen u. Englischen. Mehrere seiner Bücher sind im Minerva Verlag Thinnes & Nolte erschienen.

Vorlesung aus meiner „Heiteren Magie“:
Der 1948 ersch. Band „Heitere Magie" (Keppler Verlag, Baden-Baden) enthält zwei Erzählungen, „Reiseverkehr mit dem Jenseits" und „Märchen vom Materialismus".

zur betreffenden Stunde:
Lt. Sendefahne wurde „Reiseverkehr mit dem Jenseits" in der Reihe „Erzählung am Sonntag" am 14.9.1952 von 15.00–15.30 Uhr ausgestrahlt. Sie ist nicht archiviert.

Hamburger Buchgemeinschaft:
Gemeint ist vermutl. die Hamburgische Bücherei. Allerdings ist eine Kooperation zwischen Minerva Verlag Thinnes & Nolte bzw. dem Club der Buchfreunde u. der Hamburgischen Bücherei nicht nachweisbar.

dort draussen und droben:
Anspielung auf Betzners Wohnort Blieskastel.

Hans Bernhard Schiff (1915–1996)
Zeichnung von Samuel Wülser (ca. 1950)
(Mit freundlicher Genehmigung von Joachim Schiff)

Mainz

22. Okt. 1952

Lieber Herr Betzner,

Es fällt mir auf, dass ich ohne jede Nachricht von Frl.
Thinnes bin, die doch das „Hamlet" Manuskript in
Händen hat und zwar jetzt seit Anfang August. Ich
meine, Sie sollten gelegentlich, wenn es Ihnen keine
Umstände macht, bei ihr anrufen, um zu fragen, wie
die Sache nun jedenfalls im Augenblick steht. Ich
weiss, dass sie Verhandlungen noch mit einem anderen Verlag über das Werk hat, aber ein kurzer
Zwischenbericht orientierender Art wäre mir doch
recht willkommen.

Ich bin jetzt schon die 5. Woche bettlägerig im Krankenhaus, ein Herzzustand, ich war im Büro selber
zusammengeklappt, quasi aus heiler Haut, ich darf
mich noch immer nicht erheben, es soll noch auf
Wochen so hingehen.

Nun hoffe ich, bei Ihnen selber, lieber Herr Betzner,
geht alles nach Wunsch, bei Ihnen, Ihrer Frau und
natürlich bei der kleinen Antonia.

Seien Sie alle drei herzlich gegrüsst von meiner Frau
und mir, und ich danke Ihnen im Voraus für Ihre Be-
mühung.

Ihr

Handschr. Zusatz:

Beste Grüsse unbekannter Weise von Marianne Sorsky

ohne jede Nachricht von Frl. Thinnes:
In einem Brief Erna D.s vom 13.11.1952 an Betzner heißt es: „Langsam geht es meinem Mann besser, er fängt an aufzustehen, aber es wird noch Monate dauern, bis wir ihn auch nur einigermaßen auf die armen, geplagten Beine bekommen. Psychische Dinge haben großen Einfluss. Wie schön wäre es, wenn man ihm die Freude machen könnte, noch das Erscheinen seines Hamlet zu erleben. Eines späten Tages wird man alle kleinsten Zettelchen publizieren – aber dann hat Döblin nichts mehr davon. Reden Sie doch dem Frl. Thinnes zu, dass sie ihre sehr begründeten Prüfungen beschleunigt." (LA).

Verhandlungen noch mit einem anderen Verlag:
Gemeint ist vermutl. die Hamburgische Bücherei. Vgl. Anm. zum 20.9.1952.

Ich darf mich noch immer nicht erheben:
Am 20.9. hatte D. einen Herzinfarkt erlitten.

Masch.schr. Brief vom 26.7.1953 · An Anton Betzner

Paris XI 31, Place de Grenelle

26. Juli 53

Lieber Betzner,

ja ich sitze nun seit bald drei Monaten wieder in Paris, oben meine Adresse. Die Métro rasselt durch diesen Boulevard, eine Durchfahrtsstraße nahe dem Eifelturm [!]. Ich hatte in Mainz (und überhaupt in Dtschland) nichts mehr zu suchen; kein Verleger und eine elende und missgünstige Presse. Ich bin bald 75 Jahre alt, man hat dann überhaupt auf Erden nichts mehr verloren; ich kenne ja weit andere Perspektiven, die von ein paar Jahrzehnten nicht berührt werden. –

Es ist eine kleine 3 Zimmerwohnung, m. Frau hat sie mit unseren alten Möbeln möbliert, die noch in Paris auf dem Speicher standen. Da sitze ich nun und bewege mich sehr wenig es geht mit den Armen und Beinen recht schlecht. Sie sehen ja auch mein Gekrakel, das sich Schreiben heißt. Ich habe viel Zeit zu meditieren. Bekannte habe ich, – außer dem Professor Robert Minder hier fast nicht, man hält sich für 3 x in der Woche vormittags einen Stundenplan. Aber ich bin für meine Frau das schwierigste Kapitel, da ich so steif und unbehilflich geworden bin –; das Lied des Alters und der Krankheit, es ist uralt. –

Lieber Betzner, und was treiben Sie und Ihre liebe Frau und das süße Kleinchen? Ihr seid in Blüte, – freut euch daran! Sie wissen, daß Lohmeyer jetzt Lektor im Bertelsmann-Verlag Gütersloh ist, mit der ganzen kleinen Familie ist er drüben, er ist bisher sehr zufrieden, reist für den Verlag herum! Es muß sehr schön sein, jetzt dort auf Ihrem Hügel im Saarland, zehn Meilen entfernt von der jämmerlichen Politik. –

Ein Essayband, Almanach, den ich noch drüben zusammengestellt habe an der Akademie, kommt bald heraus „Minotaurus" „Dichtung unter den Hufen von Staat und Industrie". (Verlag Steiner Wiesbaden). Lieber Betzner, ich grüße Sie recht herzlich, auch von m. Frau, und alles Gute Ihrer ganzen Familie! Lassen Sie auch einmal von sich hören!

Ihr alter, uralter Döblin

Robert Minder:
Frz. Germanist u. Autor (1902–1980). Er begegnete D. zum ersten Mal 1937 in Paris, bald entwickelte sich eine Freundschaft. Minder setzte sich in Frankreich sehr für die lit. Anerkennung D.s ein. Während des Zweiten Weltkriegs war Minder – neben D. – Mitarbeiter der dt. Sektion des von Jean Giraudoux geleiteten „Commissariat Général à l'Information", einer Gegenpropaganda-Abteilung des frz. Heeres.
Aus Anlass des 100. Geburtstags von D. schilderte Minder in einem Artikel in der „Süddeutschen Zeitung" (5./6.8.1978: „Beitrag zur authentischen Lebensgeschichte – Aus Gesprächen mit Döblin") unbekannte Details aus D.s Biographie. Aus diesem Grund strengte D.s Sohn Claude gegen Minder eine Verleumdungsklage vor dem Berliner Kammergericht an. Vgl. Fritz J. Raddatz: „Literaturskandal", in: Die Zeit, 12.10.1979. Da Minder vor dem Ende des Prozesses starb, wurde das Verfahren eingestellt.

Lohmeyer:
Wolfgang Lohmeyer (geb. 1919), Schriftsteller u. Journalist. Wurde bekannt durch seine Hexen-Trilogie. Vgl. Anm. zum 19.9.1950.

Lektor im Bertelsmann-Verlag Gütersloh:
Lohmeyer setzte sich bei Bertelsmann für Betzner u. D. ein; er gewann beide als Beiträger zu Sammelbänden bzw. Anthologien u. brachte Romane von ihnen in Lizenzausgaben heraus. Von Betzner etwa „Der vielgeliebte Sohn" (1960), von D. „Berlin Alexanderplatz" (1961).

Ein Essayband, Almanach:
Das bei Franz Steiner (Wiesbaden 1953) ersch. Buch versammelt neben zwei Erstdrucken D.s Beiträge u.a. von W. Helwig, H. H. Jahnn, M. Kessel, E. Kreuder, W. v. Molo, W. Muschg, H. E. Nossack, R. Minder, F. Schnack u. L. Schreyer.

Robert Minder (23.8.1902 – 10.9.1980)
(Aufnahme von 1934, Familienarchiv Minder)

Paris 15e 31, Bvd de Grenelle
14.9.53

Lieber Betzner,

obwohl ich von Ihnen keinen Glückwunsch zu meinem 75. erhalten habe, danke ich Ihnen aufs Schönste, denn ich bin überzeugt, Ihr Brief ist mit vielen andern während des Poststreiks hier verloren gegangen. Von Radio Saarbrücken habe ich auch nichts gehört, wahrscheinlich aus demselben Grunde, Sie hatten mir vorher mitgeteilt, Sie würden bei der Gelegenheit sprechen und man würde aus meinen Werken etwas vorlesen. Vielleicht ist es geschehen.

Erzählen Sie uns Neues von Ihrer kleinen Familie da draussen im [!] Blieskastel, von Ihrer lieben Frau und der kleinen Antonie, die bestimmt schon herumläuft. Und Ihre Arbeiten? Ich hoffe bald etwas von Ihnen zu hören, wenn möglich ohne die Ueberraschungen eines neuen Poststreiks.

Es grüsst Sie und die Ihrigen herzlich, auch meine Frau beteiligt sich daran,

Ihr

Alfred Döblin

Glückwunsch zu meinem 75.:
D. Geburtstag war am 10.8.1953.

Sie würden bei der Gelegenheit sprechen:
Im Nachlass Betzners findet sich ein 25seitiges Ms. mit dem Titel: „Für Alfred Döblin zum 10. August 1953 – Eine Sendung für den nun Fünfundsiebzigjährigen". In der Programmfahne von Radio Saarbrücken vom 11.8.1953 ist zwischen 23.00 und 23.45 Uhr („Nachtstudio") die Sdg. „Zum 75. Geburtstag v. A. Döblin" handschr. eingetragen. Gestrichen sind zwei ausgedruckte Sdg. um 23.00 Uhr u. 23.30 Uhr, was auf eine aktuelle Programmänderung hindeutet. Das Band der Sdg. existiert nicht mehr.

Saarbrücker Rede über
das neue Europa

*„Die alten Staatensysteme
haben ihren Sinn
verloren"*

Anton Betzner: „Döblin sprach schlicht und ergreifend.
Ich mußte ihm mit dem Finger in seinem Manuskript
die großgeschriebenen Zeilen weisen. Er war fast blind.“
Rathaus von Saarbrücken, ca. 1955

(ars)

Ansprache bei der Eröffnungsfeier der von Radio Saarbrücken initiierten „Woche des zeitgenössischen Kulturschaffens" im Saarbrücker Rathausfestsaal, 29.6.1952. Vgl. Nachwort S. 259ff.

Ich habe nun das Schlußwort zu sprechen zu dieser Feier, welche eine Reihe Veranstaltungen unter dem Zeichen „Zeitgenössisches Schaffen" einleitet. Das Wort und der Wille „Europa" schwingt hier überall heimlich und offen mit, so wie es zu fühlen war in Paris kürzlich im Mai bei den großen, zum Teil großartigen Veranstaltungen, die in Theaterstücken, Konzerten und Kunstausstellungen „L'Œuvre du XXe Siècle" (Das Werk des 20. Jahrhunderts) vor uns ausbreiteten. Lassen Sie mich für dieses Schlußwort ausgehen von dem kleinen Bibelworte, das einer der letzten Sonntage verkündete. Da heißt es, daß der Herr auf die Nachricht, daß Johannes überantwortet war, die Stadt Nazareth verließ und zu predigen begann: „Tut Buße, das Himmelreich ist nahe herbeigekommen", und daß er dann am Galiläischen Meer zwei Brüder sah, Simon Petrus und Andreas, die Netze warfen. Er sprach zu ihnen: „Folget mir nach, ich will Euch zu Menschenfischern machen". Und alsbald, so endet der Passus, verließen sie ihre Netze und folgten ihm nach.

Was ist damit? Warum führe ich die Geschichte an? Die beiden jungen Fischer stehen am Wasser bei ihrer Arbeit, ein einfacher Mann, ein Fremder, gesellt sich zu ihnen. Es kommt zu keiner langen Diskussion, er sagt ihnen, wozu er hier heran [?] zieht, und dann fordert er die beiden Fischer auf, ihre tägliche Arbeit aufzugeben und mit ihnen [!] zu ziehen. Sie hören seine Stimme, sie sehen seine Gestalt, sie empfangen seinen Blick, und sie lassen alles stehen und liegen, fragen nicht, wovon sie morgen leben wollen, wie sie ihre Angehörigen unterstützen sollen. Sie folgen dem geheimnisvollen Wesen, das da am Ufer entlanggeht und wissen momentan mit aller und jeder Gewißheit, dies ist richtiges tiefstes Vertrauen, absolute Sicherheit ist da.

Wie geht es uns? Wir haben in uns ein jeder sein Herz, seine Güte, sein gutes, menschliches Wollen, seine Bereitschaft, wir kennen auch die Kraft des einfachen und aufrichtigen Wortes. Aber jetzt, in den letzten Jahrzehnten, wenn es sich um die ernstesten Dinge handelt, um die fürchterlichsten, um Krieg und Frieden, wie verhalten wir uns, wenn uns jene Stimme anspricht, wenn uns jener Wanderer begegnet, dem wir nicht ausweichen können? Wir blicken ihn nicht an, wir blicken uns nicht an; wir blicken zur Seite, und statt eine Antwort zu geben, fangen wir an zu klagen. Wir sagen nichts, wir setzen uns an Konferenztische, es ist schon etwas Großes, wenn wir es tun; nur sich keine Blöße geben. Momentan ist man nicht Mensch, in dem noch eben sein Herz, seine Güte, seine Bereitschaft gesprochen hat, momentan ist man das Raubtier, das auf die Sprünge des anderen wartet. Nein, es ist in uns nicht die Sicherheit, die von dem geheimnisvollen Wanderer am Galiläischen Meer ausging und so unbedingt war, daß die beiden Fischer alles stehen und liegen lassen, um ihm zu folgen. Und weil wir unsicher sind und uns nicht identifizieren mit dem, was sich in unserem Inneren meldet, zweifeln wir, ob vor uns ein Mensch oder ein Tiger sitzt, und schon ist alles verdorben und verloren. Wir kennen nicht und schätzen nicht unsere eigenen Waffen und stürzen uns nicht, bevor jener zum Sprung ansetzt, mit unserem besonderen Sprung auf ihn. Wir öffnen nicht den Mund zu dem richtigen Wort, nein, nicht einmal das Wort ist nötig, der Ton genügt, die stumme Geste. Wenn man auf menschliche Gruppen blickt, in Ehen, Familien, und beobachtet das Entstehen von Streitigkeiten und Mißverständnissen und den oft katastrophalen Verlauf, so weiß man, es war ja alles unnötig, Unsinn, es war ja wirklich nicht so gemeint, aber die Schaltung von der wirklichen Meinung zum gesprochenen Wort funktionierte nicht.

Europa! Die Spatzen pfeifen es auf den Dächern. Man fühlt, man müßte dazu kommen. Männer und Frauen gehen in die Vortragssäle und lassen sich darüber allerhand erzählen. Es ist aber beinahe unnötig, daß man darüber redet, man ist längst einig in allen Ländern: Der gegenwärtige Zustand ist überaltert, ist undurchdacht, ist eigentlich der Männer und Frauen, die hier wohnen, unwürdig, eigentlich sind wir ja alle Europäer, ob wir deutsch, französisch oder italienisch sprechen. Gleichviel, gleichviel, morgen oder übermorgen müssen wir uns wieder gegeneinander bewaffnen, denn die Grenze läuft so und die andere läuft so, und wir müßten uns eigentlich auf diese Seite stellen oder auf jene. Was ist dies, das zum Zähneknirschen blind und beschränkt und gedankenlos ist? Was sich gegen besseres Wissen und Wollen immer wieder durchsetzt, wie ein Gigant, auf den man schon ganze Berge geworfen hat, aber er rumort noch immer und wirft Häuser um? Was ist das, wie heißt das Gebiß, das dem Menschen in den Mund gezwängt wird, so daß er seine Zunge nicht gebrauchen und nicht so sprechen kann, wie er möchte! Wie heißt die Maske, die man über sein Gesicht gelegt hat, so daß keine Miene verrät, was ein Inneres fühlt und denkt. Wie heißt die Kette und die Klammer, die seine Hände fesselt?

Das Gebiß, die Maske, die Kette heißt – die Vergangenheit. Der Gigant, der seine Häuser immer wieder umwirft, heißt Vergangenheit, die nicht vergangen sein will und uns die Gegenwart und die Zukunft stiehlt, die schlechte Vergangenheit, die uns die Gegenwart und die Zukunft wegstiehlt, die sich in Verträgen und staatlichen Einrichtungen befestigt hat. Da hat es irgend wann einen Krieg gegeben, da hat ein Herrscher und seine Clique irgend wann einmal einen Krieg geführt, danach ist einer besiegt worden, darauf sind Grenzen so und so gezogen worden, das ist schon lange her, es steht in den Geschichtsbüchern, und das gehört alles zu den Wahrheiten, Rechten und Gegebenheiten der Völker. Aus Hochmut, Leidenschaft, Wut ist es damals zu dem und jenem Krieg gekommen – Tausende Menschen werden in die Erde versenkt, darauf wurden Gebiete so und so verteilt, ein Ende, kein Ende, denn es fängt natürlich morgen wieder an. Wir sind arme Wesen, aus Gottes Hand gefallen, wir sehen uns immer wieder den menschlichen Schwächen, Sünden und Verbrechen gegenüber, denen von gestern, von vorgestern, und sehen, sie wollen uns nicht zum Dasein gelangen lassen. Aber sie müssen es. Das Himmelreich! Es kommt uns jener geheimnisvolle Wanderer entgegen, der uns anspricht, anblickt, und momentan haben wir Vertrauen und Sicherheit und auch die Kraft. Aber dennoch, sein Wort ist in uns alle versenkt, ob wir es wissen oder nicht, und das spricht, drängt [uns] und wir fühlen, es ist unser eigenes Wort, unser eigentliches, dem wir folgen müssen und auch folgen wollen. Europa! Wir sind keine Narren, daß wir glauben, wie manche im Osten, wir könnten mit unseren schwachen Armen das strahlende Jerusalem auf diese Erde herunterziehen. Die heilige Stadt, sie liegt jenseits der Schneegipfel, von Blüten überschüttet, fern und hoch liegt die Stadt, die Hütte Gottes. Aber wir haben sie im Herzen und bewegen uns auf sie hin, wenigstens dies tun wir, wenigstens dies kann uns keiner nehmen, und brechen die Granitmauer der Vergangenheit, die uns den Weg versperrt. Protest, unermüdlicher Protest aller Heutigen und Lebenden gegen die Rückstände der Vergangenheit, Märtyrer und Helden zu diesem Kampf, dem einzigen menschenwürdigen, den wir Menschen zu führen haben, den Kampf der Lebenden gegen ihre Geschichte. Europa! Es ist das Signal, die Marschroute ist gegeben. Es ist das Zeichen zum Aufbruch. Kein anderes Zeichen für alles, was jung ist und Kraft in sich hat, für alles, was auf dieser Erde noch hofft.

Die alten Staatensysteme haben ihren Sinn verloren. Europa heißt die Realität von heute und ist eine Realität in uns und keine draußen. Was redet man verächtlich von Ideologien? Der alte, trockne, befestigte Staat von gestern redet so. Aber vergeblich mühen sich seine Männer in den Konferenzsälen, um zu halten, was nicht mehr zu halten ist. Aber auch unsere Männer mühen sich, und nun ist ein Vorstoß aus der Masse nötig. Nunmehr ein Vorstoß aus der frischen Keimzone in die Staatlichkeit selber, ist nötig. Jetzt stehen wieder Haltungen, Gesinnungen, ja Ideologien im Vordergrund, und nicht erst seit heute, man weiß, wie schon die alten Nationalkriege dicht daran waren, in Bürgerkriege überzugehen. Denn es handelten schon da nur zur Hälfte und nur scheinbar die Regierungen und das schwache Skelett der Staaten, es griff schon damals ein und handelte der Mensch, der lebende heutige, der die Revision seiner Existenz will, der zu seiner Existenz gelangen will.

Europa! Die Konferenzen allein können es nicht schaffen. Der drängende, ungestüme Wille vieler muß hinzukommen, sehr vieler. Mut, Mut, tut Euch zusammen. Zeigt hinter der alten rostigen Realität die junge und prächtige neue. Zeigt die Macht, die Ihr besitzt, um das alte Gemäuer niederzureißen. Tut Euch zusammen! Keine kleinen Parolen. Der gerechte Kampf, der wahre Kampf, der einzige Kampf. Fordert Europa [?] Etappe! Ihr fordert Euer Leben, Ihr fordert Euch.

Aus: Kritik der Zeit, hg. von Alexandra Birkert, S. 318–323.

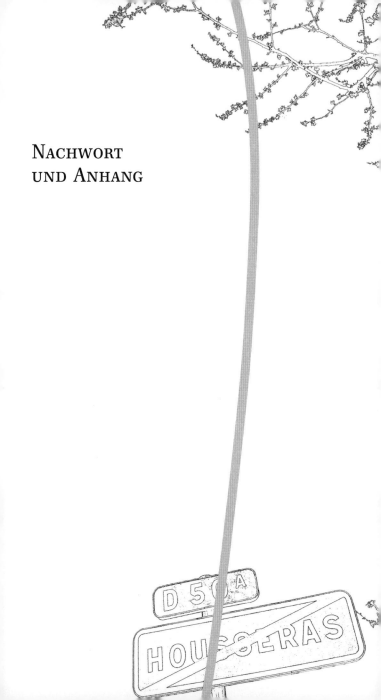

Nachwort
und Anhang

Erinnerungsplakette für Wolfgang Döblin
am Bauernhof der Familie Triboulot in Housseras
(Foto Ute Werner)

„Meine Adresse ist: Saargemünd"
Spurensuche in einer Grenzregion

Berlin I

Alfred Döblin war 36 Jahre alt, als er Ende 1914 nach
Saargemünd versetzt wurde. Am 10. August 1878
in Stettin geboren, hatte er etwa zehn Jahre als Arzt
praktiziert, ebenso lange war er literarisch tätig
gewesen. Seine erste Buchveröffentlichung, der Einakter „Lydia und Mäxchen", war acht Jahre zuvor,
im April 1906, erschienen. Dem Verleger, Singer in
Straßburg, hatte er allerdings die Druckkosten er-
statten müssen. Im Januar 1908 war Döblins erste
Erzählung veröffentlicht worden („Das Stiftsfräulein
und der Tod", später illustriert von Ernst Ludwig
Kirchner), im November 1912 die Novellensamm-
lung „Die Ermordung einer Butterblume". Der
1902/03 entstandene Roman „Der schwarze Vor-
hang", 1912 in der Zeitschrift „Der Sturm" seines
Freundes Herwarth Walden in mehreren Fortset-
zungen abgedruckt, kam als Buch 1919 heraus. Einen weiteren Roman hatte er zwar abgeschlossen
(„Die drei Sprünge des Wang-lun"), doch noch kei-

nen Verlag gefunden; ein anderer Roman war bis zu seiner Abreise bereits recht weit gediehen („Wadzeks Kampf mit der Dampfturbine"). Regelmäßig veröffentlichte Döblin im „Sturm" und in der „Neuen Rundschau", der Hauszeitschrift des S. Fischer Verlags.

Die Arztausbildung hatte Döblin parallel zum Schreiben betrieben. Einen Monat nach dem am Köllnischen Gymnasium in Berlin abgelegten Abitur immatrikulierte er sich im Oktober 1900 an der Medizinischen Fakultät der Friedrich-Wilhelms-Universität. 1904 wechselte er nach Freiburg. Als Anwärter auf den sog. Einjährigen-Freiwilligendienst war er vom aktiven Militärdienst zurückgestellt, am 7. Juli 1903 wurde er dem Landsturm ersten Aufgebots zum Dienst ohne Waffe unterstellt. Nur im Falle eines Krieges musste er mit einer Einberufung rechnen *(Döblin-Chronik, Marbacher Katalog, S. 13)*. Ende 1904 schloß Döblin seine Ausbildung an der Freiburger Psychiatrischen Klinik mit einer Promotion ab, die Dissertation („Gedächtnisstörungen bei der Korsakoffschen Psychose") erschien ein Jahr später *(Neu: Tropen Verlag, Berlin 2006, mit e. Nachwort v. Susanne Mahler)*. In der Kreisirrenanstalt Karthaus-Prüll in Regensburg fand er als Assistenzarzt seine erste Anstellung. 1906 kehrte er in gleicher Funktion an die Irrenanstalt Buch nach Berlin zurück. Zwei

Jahre später wechselte er an das Städtische Krankenhaus Am Urban, wo er Erna Reiss kennenlernte, seine zukünftige Frau. Im Oktober 1911 eröffnete Döblin eine Kassenarztpraxis im Südwesten Berlins (Blücherstraße 18 am Halleschen Tor), zunächst als praktischer Arzt und Geburtshelfer; später betrieb er eine Praxis als Internist und Nervenarzt in der Frankfurter Allee 194.

Der Ausbruch des Ersten Weltkriegs wurde von Döblin weder in Briefen noch in Aufzeichnungen kommentiert: „Die Schlüsselsituation der Epoche gerinnt für Döblin zur Leerstelle".

> Erich Kleinschmidt: „„Die Zeit dringt verschieden tief in unsere Poren ein' – Alfred Döblin als politischer Autor 1914", in: Internationales Alfred-Döblin-Kolloquium Leipzig 1997, hg. von Ira Lorf u. Gabriele Sander, Peter Lang Verlag 1999, S. 17ff.

Der einzige veröffentlichte zeitgenössische Text Döblins zu diesem Thema ist der im Dezember 1914 in der „Neuen Rundschau" erschienene Essay „Reims" *(Schriften Politik, S. 17ff)*, ein vor allem gegen ‚den' Engländer gerichtetes deutschnationales Pamphlet. Es sei ein Text von „chauvinistischer Bedenkenlosigkeit",

> Dieter Mayer: „Alfred Döblin und der Erste Weltkrieg", in: Literatur für Leser, Oldenburg 1985, S. 79.)

dessen Autor sich – so W. G. Sebald – als „imperialistischer Trompeter" gebärde.

W. G. Sebald: „Alfred Döblin oder Die politische Unzuverläs-
sigkeit des bürgerlichen Literaten“, in: Internationale Alfred-
Döblin-Kolloquien Basel 1980 – New York 1981 – Freiburg
i. Br. 1983. Hg. v. Werner Stauffacher. Peter Lang Verlag,
Bern/Frankfurt/New York 1986. Jahrbuch für Internat. Ger-
manistik, Reihe A, Kongreßberichte Bd. 14, S. 134.

Diese martialische Rhetorik sollte bei Döblin trotz
fürchterlicher Kriegerlebnisse und gelegentlicher
pazifistischer Anwandlungen noch einige Monate
lang immer wieder durchbrechen. So telegrafierte er
am 22. Februar 1915 an Walden: „hurrah die russen
in der tinte = herzlich doeblin“ *(Briefe 1, S. 66).*
Andererseits karikierte er in der etwa zur gleichen
Zeit entstandenen Erzählung „Die Lobensteiner reisen nach Böhmen“ das „Pathos der kriegsbegei-
sterten Nation“ *(Althen, Böhmen, S. 255).*
Im Dezember 1914, knapp sechs Monate nach
Kriegsausbruch, musste Döblin mit der baldigen
Einberufung rechnen. Durch seine freiwillige Meldung für den „Einsatz in Belgien und Frankreich“
kam er ihr zuvor.
Mehrere Erwägungen dürften zu dem Entschluss
beigetragen haben. Zum einen wurden die sog.
„Civilärzte“, die sich vor der Einberufung meldeten,
erheblich besser entlohnt als die eingezogenen Kollegen. Kein unwichtiges Argument, denn Döblins
Frau Erna war mit dem zweiten Kind schwanger.
Zum anderen war die Ehe (nicht nur in ihrer An-

fangsphase) offenbar überschattet von erheblichen Konflikten, worüber Döblin vor allem mit dem Vertrauten Robert Minder sprach.

Vgl. etwa Minder, Lebensgeschichte, S. 95f. An anderer Stelle (Text & Kritik, Nr. 13/14, S. 57) spricht Minder von einer „wahren Strindberg-Ehe" und dass D. „unter der tyrannischen Kontrolle seiner Frau" sehr gelitten habe (S. 60). In der Spätphase der Ehe habe es „fast tödliche Auseinandersetzungen" gegeben („Wozu Literatur – Reden und Essays", Bibliothek Suhrkamp Bd. 275, Frankfurt/M. 1971, S. 102).

Es erscheint daher nicht ganz abwegig, dass Döblin mit seiner freiwilligen Meldung solchen „Spannungen" und einer als „erdrückend" empfundenen Familienatmosphäre entfliehen wollte *(Links, Döblin, S. 79)*. Nicht zuletzt war auch Döblin – seine Texte aus dieser Zeit zeigen es – infiziert von der grassierenden Kriegsbegeisterung, vor der die meisten deutschen Intellektuellen nicht gefeit waren. Viele Expressionisten missverstanden den Krieg, jedenfalls in seiner ersten Phase, als willkommene Gelegenheit einer antibürgerlichen Revolte. Döblin mag zudem die Hoffnung gehegt haben, endlich mit jenem latent antisemitischen Bürgertum abzurechnen, „das dem armen jüdischen Jungen früh eine Außenseiterrolle" zugewiesen hatte *(Mayer, Weltkrieg, S. 80)*. Kurz nach seiner Meldung erhielt Döblin am 26. Dezember 1914 einen telegraphischen Gestellungsbefehl in das Lazarett von Saargemünd *(Abb. S. 14)*.

Saargemünd

Auf unbebautem Gelände am nordöstlichen Stadtrand in der Nähe der Blies hatte das Deutsche Reich
1896 mit der Errichtung eines weitläufigen Kaser-
nenkomplexes begonnen. 1905 fertiggestellt, bezog
das 166. bayrische Infanterieregiment dort Quartier.
Die Anlage umfasste über ein Dutzend zwei- bis
dreigeschossiger Backsteinbauten, in denen Offiziere, Mannschaften und Verwaltung untergebracht
waren. Außerdem hatte man Munitionsdepots, Vor-
ratsspeicher, Werkstätten und Stallungen errichtet.
Die Kranken wurden in einem der größten Gebäude
versorgt.

Sarreguemines ist inzwischen an das Areal heran-
gerückt. Das Quartier wird heute begrenzt von der
Rue de Douaumont, der Rue Jean-Jacques Kieffer,
der Rue Rousky und der Rue Fulrad. Auf dem Gelände sind zwei Gymnasien und mehrere Fach-
schulen untergebracht. In das ehemalige Lazarett ist
das Collège Fulrad eingezogen, in dessen Klassen-
zimmern noch heute die originalen gusseisernen
Stützsäulen auf altem Parkettfußboden aus Eichen-
holz zu sehen sind.

„Drolliger Weise", schreibt Döblin in seinem ersten
Saargemünder Brief an Walden, seien auch zwei
Berliner Ärztinnen an das Saargemünder Lazarett

verpflichtet worden. Dass sie – wie Döblin – ausgerechnet nach Lothringen einberufen worden waren, dürfte der militärischen Lage geschuldet gewesen sein, hatte es doch in Ostfrankreich bereits Mitte August 1914 heftige Gefechte gegeben. „Die Lazarette in Lothringen und im Elsaß fangen auf", so Günter Grass später, „was von Verdun zerstückelt zurückkommmt" *(Althen, Selbstzeugnisse, S. 13)*.

Die vorgesetzte Militärdienststelle, das 21. Generalkommando, hatte ihren Sitz in dem damals 105.000 Einwohner zählenden Saarbrücken; das sechzehn Kilometer südlich davon gelegene Saargemünd war eine Kreisstadt von 15.500 Einwohnern *(Adressbuch der Stadt Saargemünd, Juli 1913)*.

Das Reichsland Elsaß-Lothringen war 1871 nach dem Frieden von Frankfurt als zusammenhängende Verwaltungseinheit mit der Hauptstadt Straßburg dem neu gegründeten Deutschen Kaiserreich angegliedert worden. Es umfasste eine Fläche von 14.500 km^2 mit 1,8 Millionen Einwohnern. Über 85 Prozent der Bewohner gaben Deutsch als Muttersprache an, ausschließlich französisch sprachen elf Prozent. Im März 1872 wurde Deutsch als Amtssprache gesetzlich festgelegt. In Elsaß-Lothringen waren in zwanzig Garnisonen etwa 80.000 Soldaten stationiert, mehr als ein Zehntel des gesamten Heeres; damit war es das am stärksten militarisierte Gebiet des Deutschen Reichs.

Döblin reiste Ende Dezember 1914 mit dem Zug von Berlin nach Saarbrücken und von dort in das „lothringische Nest", wie er gelegentlich schreibt. Während der ersten vier Wochen wohnte er im Hotel „Royal" in der Nähe des nach dem Metzer Vorbild errichteten Bahnhofs.

In dem imposanten Gebäude an der Ecke „Place du Général Sibille" und „Rue des Vosges" ist heute das Finanzamt untergebracht. Abb. S. 17.

Laut Eintragung in der städtischen Meldekartei *(Abb. S. 81)* bezog Döblin am 26. Januar 1915 zunächst zwei möblierte Zimmer in der Marktplatzstraße 7 im Zentrum Saargemünds als Untermieter bei Familie Röther.

Die Hauptmieterin (oder Wohnungseigentümerin), eine Witwe, ist im städtischen Einwohnerverzeichnis von 1913 erfasst unter „Röther, Karl We., Modistin". Die Marktplatzstraße, die Verlängerung des Marktplatzes in Richtung Friedenstraße (heute: Rue de la Paix), war eine Gasse mit elf Häusern. Das Haus Nummer 7, das Eckhaus zur Goldstraße (heute: Rue de Verdun), wurde nicht wie der größte Teil des Stadtzentrums durch Bomben zerstört *(Auskunft des Stadtarchivars Didier Hemmert vom 16.7.2009)*. Doch ist es als einziges Haus in der Straße abgerissen und durch einen Neubau ersetzt worden. In dem Meldebogen hatte Döblin in der Rubrik Religion „dissident" und unter Nationalität „preußisch" eintragen lassen.

Am 17. März 1915 wurde in Berlin Erna Döblin von dem zweitgeborenen Sohn Wolfgang entbunden. Bereits sechs Tage später, am 23. März, traf die ehemalige Ärztin mit dem Säugling und dem zweieinhalbjährigen Peter in Saargemünd ein. Da in dem an ihrem Ankunftstag geschriebenen Brief an Walden „3 Zimmer, Küche, Mädchenstube, Bad" erwähnt werden, der Umzug in die Neunkircherstraße jedoch erst am 17. Juni erfolgte, scheint Döblin vor dem Eintreffen von Frau und Söhnen weitere Räume in der Marktplatzstraße 7 angemietet zu haben.

Robert Minder, der vertraute Freund, berichtet, dass Döblin in den Wochen zwischen seiner Ankunft in Saargemünd und dem Eintreffen der Familie eine „intensive Liebesgeschichte mit einer Ärztin" unterhalten habe *(Minder, Beitrag)*. War es eine der Berliner Kolleginnen, die Döblin in seinem ersten Brief aus Saargemünd erwähnt? Jene, auf die er am 15. Mai im Postskriptum eines Briefs an Walden zu sprechen kommt? „Eine Kollegin, die hier freiwillig Ärztin war, und sich auch für den ‚Sturm' interessiert", schrieb er, „ist jetzt dauernd in Berlin; eine Bekannte meiner Frau; Adresse ‚Frl. Dr. Ruben, Assistenzärztin, Krankenhaus Friedrichshain'", ergänzt von dem Zusatz: „vielleicht benutzt Du mal die Adresse."

In seinem ersten Brief erwähnt Döblin, dass seine Uniform „in zwei Tagen fertig" sei. Es gab in Saarbrücken eine ganze Reihe von Uniformschneidereien; vermutlich zufällig hatte er mit dem Auftrag den Textilkaufmann Leopold Oppenheimer betraut. Der Geschäftsmann gehörte zu einem Familienunternehmen, das Warenhäuser in ganz Deutschland betrieb. Döblin könnte, als er zur Anprobe kam, dem Sohn des Ladenbesitzers begegnet sein, einem 12jährigen Jungen namens Max. Wie Döblin wurde dieser achtzehn Jahre später von Berlin aus in die Emigration gezwungen, die, unabhängig voneinander, beide über Frankreich in die USA führte. Als Regisseur wurde er unter dem Namen Max Ophüls weltberühmt: „Mein Vater […] war von Anfang an gegen den Krieg gewesen, auch wenn er in seinem Laden Uniformen samt zugehörigen Accessoires anfertigte und verkaufte. Eines Tages ließ sich auch der in der Nähe stationierte Stabsarzt Alfred Döblin eine neue Uniform schneidern".

Der Standard, Wien, 23.3.2001: „Wo bleibt der zweite Schuß? – Max Ophüls und seine Retrospektive im ‚Journal des Verschwindens'". Das Detail mit der Uniform bleibt in der Autobiographie von Ophüls: „Spiel im Dasein – Eine Rückblende", S. Fischer Verlag, Frankfurt/M. 1959, unerwähnt.

Ein knappes halbes Jahr nach seiner Ankunft in Saargemünd, am 17. Juni 1915, zog Döblin mit seiner Familie in die Nähe der Kaserne auf die rechte Saarseite. Die Neunkircherstrasse (heute: Rue du Maréchal Foch) war überwiegend von Offizieren bewohnt. In dem dreigeschossigen Haus Nr. 19 wohnte außer der Familie Döblin der am Saargemünder Gericht tätige Landgerichtsrat Friedrich Schulz.

Lt. Adressbuch der Stadt Saargemünd, Juli 1913, in dem die Privatadressen des Militärpersonals u. der Justizangestellten verzeichnet sind.

In der neuen Wohnung hatte die Familie nicht mehr Platz als in der alten. Und so klagte Döblin bald erneut über seine „Puppenstuben" und „3 kleine kleinste Zimmerlein". Am 3. Juni 1917, gerade von einem Genesungsurlaub aus Heidelberg zurückgekehrt, informierte er Walden, dass trotz des „furchtbaren Trubels" nach der Geburt des Sohnes Klaus am 20. Mai 1917 für ihn selbst eine gewisse Entspannung eingetreten sei: wohne er doch – „schlau, zwei Stock höher in absoluter Tag- und Nachtruhe".

Woraus zu schließen ist, dass die Familie in der Erdgeschosswohnung lebte.

„Das Gespenst vom Ritthof"

Döblin kündigte auf einer Postkarte an Walden vom 29. August 1915 die Übersendung der „kleinen Novelle oder Geschichte: ‚Gespenst vom Ritthof'" für den nächsten Tag an. Die Erzählung wurde wenig später im „Sturm" gedruckt *(Jg. 6 1915/16, Nr. 13/14, Okt. 1915, S. 80f)*. Der Autor nahm sie in den Band „Die Lobensteiner reisen nach Böhmen" auf, eine 1917 erschienene Sammlung mit zwölf zwischen 1912 und 1915 entstandenen Erzählungen. Bereits am 10. Mai 1915 hatte Döblin erwähnt, „mehrere kleine Märchen, resp. märchenartige Erzählungen" geschrieben zu haben. Im September bot Döblin das Buchmanuskript den Verlagen S. Fischer und Müller an, im Dezember schloss er mit dem Münchner Verleger Georg Müller einen Vertrag. Am 21. Mai 1916 erwähnte er in einem Brief an Walden, dass er „jetzt Korrekturen des Novellenbandes ‚Lobensteiner'" lese; jedoch sei er skeptisch, ob wegen des Kriegs eine Veröffentlichung zu diesem Zeitpunkt überhaupt sinnvoll sei: „Hoffentlich kommt das Buch nicht bald raus; denn was soll das jetzt?" Knapp zwei Monate später (am 10. Juli 1916) bat er Walden um eine Einschätzung: „Mein neues Müllersches Novellenbuch ist nun im Umbruch und total fertig; was rätst Du: soll ich Müller zum Erscheinen in diesem Jahr raten, abraten." Am 16. November 1916 kolportierte er in einem Brief das von Albert Ehrenstein verbreitete Gerücht, dass es „mit Müller schlecht" stehe: „das hörte ich oft schon; faktisch hat er mein Novellenbuch, das gedruckt resp. gesetzt ist, nicht heraus gebracht; er selbst ist ja eingezogen". Im Januar 1917 strebte Döblin einen Wechsel zu Fischer an: „Scharfe Controversen habe ich mit Müller wegen der ‚Lobensteiner'; ich möchte das Buch da gerne loseisen, es ist schon fertig gedruckt, aber er giebt es nicht frei. Mehrere Verleger habe ich nämlich, die es mir resp. ihm abnehmen". Doch Müller entließ ihn nicht aus dem Vertrag, so wurde das Buch schließlich in der zweiten Jahreshälfte 1917 ausgeliefert. Das Impressum gibt als Erscheinungsjahr 1918 an; innerhalb kurzer Zeit wurden eine zweite und eine dritte Auflage gedruckt, die ebenfalls die Jahreszahl 1918 tragen.

Schuster/Bode, S. 49. Publikationsgeschichte in: Althen, Butterblume, S. 538.

Der Ritthof, bis 1925 ein Weingut mit einer Anbaufläche von acht Hektar, gehört heute zu Bliesransbach. Seit dem 19. Jahrhundert ist er ein beliebter Ausflugsort im Bliesgau. 2006 legte der jetzige Besitzer Fritz Kurtz auf dem sanften Hang zur Blies erneut einen kleinen Weinberg mit 99 Rebstöcken an.

Im August 1988 erhielt auf Betreiben von Fred Ober-
hauser, damals Literaturredakteur beim Saarländischen Rundfunk, der Feldweg von der Wendalinus-
Kapelle zu dem an der Gemarkungsgrenze zu
Bliesmengen-Bolchen gelegenen Ritthof den Namen „Alfred-Döblin-Weg".

*Zur Geschichte des Ortes: Th. Schmidt: „Weingut Ritthof und
seine Sassen – Zur Agrar- und Familienkunde des Bliestales",
in: Saarländische Volkszeitung, 31.1.1956; sowie Jacob Müller: „‚Ritt von Rittenhofen' war Ahnherr", in: Saarbrücker
Zeitung, Beilage „Geschichte und Landschaft" Nr. 177, 1979.
Das Wort Ritthof hat übrigens nichts mit ‚Reiten' zu tun, der
Name ist abgeleitet von einem in der Nähe gelegenen Moor
(„Ried"). Zu den Hintergründen der Straßenbenennung:
cas: „Ritthof in der Weltliteratur – Ende August wird in Bliesransbach der ‚Alfred-Döblin-Weg' eingeweiht", in: Saarbrücker Zeitung, 5.8.1988.*

Viele Dörfer in dieser Gegend sind nach der Blies
benannt, einem Nebenfluss der Saar, die heute
zwischen Saargemünd und Saarbrücken die Grenze
zwischen Deutschland und Frankreich bildet.
Bliesschweien und Bliesgersweiler (heute Blies
Schweyen bzw. Blies-Guersviller) liegen auf der
französischen Innenseite des Bliesbogens, es sind
idyllische Flecken, vergessen und scheinbar unbe-
rührt von Zeit und Politik.
In einem im Jahre 1924 geschriebenen Brief an
Arthur Friedrich Binz *(S. 94ff)* erinnerte sich Döblin,

dass er oft von Saargemünd über Bliesschweien und Bliesgersweiler zum Ritthof gewandert sei. So verwundert es nicht, dass in der Erzählung „Das Gespenst vom Ritthof" mehrere noch heute übliche topographische Bezeichnungen wie Bühlbach, Kuckucksberg, Ransbach etc. erwähnt werden, ebenso eine damals noch existierende Brücke, eine Fähre und das Denkmal des heiligen Quirin, bis heute das Zentrum von Bliesgersweiler.

Die Novelle „Das Gespenst vom Ritthof", von der es einen frühen Entwurf mit dem Titel „Der blaue Schatten" gibt *(Überlieferung u. Textgestalt: Althen, Butterblume, S. 548f)*, erzählt die Geschichte eines jungen Mannes namens Johann Völker, der aus Hessen stammt und dessen Vater glaubt, dass er zur See fahre. Tatsächlich aber treibt er sich den ganzen Sommer über in der Gegend der beiden Dörfer herum, weil er besessen ist von Kätti, der Tochter des Schmieds Liewennen. Diese hatte ihm zwar Hoffnungen gemacht, sich dann aber mit einem „spitzbärtigen Jäger aus Trier" eingelassen, worüber Johann in „höllische Wut und Raserei" gerät. Doch Döblin erzählt keine realistische Geschichte. Der typisch expressionistische Text hat Züge eines Schauermärchens – schon gleich im ersten Satz erscheint ein Gespenst. Und auch sonst geschieht viel Unerklärliches: So erblickt Johann in seiner Wut die

Geliebte in zweifacher Gestalt („gedoppelt"), und am Ende überwältigt ihn ein weiteres Gespenst. Oder ist es das Wesen vom Anfang? Es greift ihn an und bestraft ihn, als er aus Eifersucht Kätti „richten" will. Ob Johann durch das Eingreifen des Gespensts ums Leben kommt, lässt die Erzählung offen.

Auffallend die Farbsymbolik: das Gespenst ist „wolkigblau", und die Mütze Johanns, die Kätti so gut gefällt, ist ebenfalls blau. Eine erste Krise zwischen den beiden wird angedeutet durch Johanns neuen „grünen" Hut. Kätti selbst trägt das Attribut der Unschuld (ein „weißes Kleidchen"), aber auch sie wirkt unwirklich, es umgibt sie etwas „Flüssiges, Dünnes, Zittriges". Indiz der latenten, schließlich manifesten Aggressionen zwischen den Akteuren ist die detaillierte Schilderung eines kollektiven Gewaltexzesses: stellvertretend für Kätti wird eine „schneeweiße" Ziege ihr symbolisches Opfer.

Höhepunkt der Erzählung ist der Auftritt eines Wandertheaters auf dem Dorfplatz direkt neben dem Denkmal des heiligen Quirin *(Abb. S. 114)*. Johann erhält (wohl von Kätti) eine Eintrittskarte, er besucht die Aufführung jedoch nicht, sondern deponiert auf dem für ihn reservierten Platz sein rotes Halstuch. Als Kätti endlich wagt, es an sich zu nehmen, weil sie vermutet, dass Johann eine Nachricht für sie hineingelegt hat, stellt er sie zur Rede und will sie

„richten", worauf er selbst durch das erwähnte Eingreifen des Gespensts bestraft wird.

Ein höchst eigenartiges Märchen wird da erzählt, eine amour fou, deren Thema das Begehren ist. Von Liebe ist nirgends die Rede, jedenfalls nicht auf Seiten Johanns. Im Gegenteil, heißt es doch einmal ausdrücklich: „Es lag ihm nichts an ihr". Er ist besessen von der Vorstellung, Kätti „zu besitzen", er ist eifersüchtig und aggressiv. Aber nicht nur er ist ihr verfallen, offenbar hängt auch sie auf eine unerklärliche, fast magische Weise an ihm. Sexualität – genauer gesagt: erotisches Begehren – äußert sich offenbar darin, ausweglos einander verfallen zu sein. Ein Gefühl, das eine gewaltige zerstörerische Kraft freisetzt, die mit dem Tod bzw. der Bestrafung des männlichen Parts durch eine nicht-irdische Instanz endet, erfährt doch das Opfer Hilfe von unerwarteter Seite.

Die Namen der Protagonisten in diesem „gespenstischen Beziehungskrieg" könnten literaturhistorische Verweise sein: einerseits auf die Figuren Don Juan und Faust, andererseits auf Goethe und Kleist, so Christina Althen.

> *„Das einfache Mädchen, dessen Liebe grausam enttäuscht wird, enthält auch im Sprachduktus einen Bezug zu Goethes Gretchen: ‚ach, bitt euch' (S. 110). Der Name Katharina und der Beruf ihres Vaters, der Schmied ist, weisen wiederum darauf*

hin, daß Kätti aus dem ‚deutschen Geschlecht des Käthchen von Heilbronn' ist, wie Döblin einmal über eine Figur von Joseph Roth feststellte (Kleine Schriften IV, S. 24). Während Käthchen und der Graf durch einen Traum zum guten Ende geführt werden, helfen die Halluzinationen Johann Völker nicht zu einer Änderung seines Verhaltens. Da keine Umkehr statt-findet, trifft ihn das Gericht" (Althen, Böhmen, S. 251f).

W. G. Sebald hat die Geschlechterbeziehungen im Frühwerk Döblins als „krankhafte Ambivalenz zwischen Liebe und Tod" charakterisiert, in welcher „das Zerstörerische [...] zumeist die Oberhand" behalte. Es gehe Döblin vor allem darum, „die Frau zum Opfer zu machen und sie [...] für ihr Geschlecht büssen zu lassen". Aus diesem Grund inszeniere Döblin stets aufs Neue „mit manischer Insistenz den Lustmord".

W. G. Sebald: „Preussische Perversionen – Anmerkungen zum Thema Literatur und Gewalt, ausgehend vom Frühwerk Alfred Döblins", in: Internationale Alfred Döblin-Kolloquien Basel 1980 – New York 1981 – Freiburg 1983. Hg. v. Werner Stauf-facher. Peter Lang Verlag, Bern/Frankfurt/New York 1986. Jahr-buch für Internat. Germanistik, Reihe A, Kongreßberichte Bd. 14, S. 231ff. Sowie W. G. Sebald: „Der Mythus der Zerstörung im Werk Döblins", Klett Verlag, Stuttgart 1980, S. 122.

Für andere Erzählungen und Romane Döblins mag dieser Befund Sebalds zutreffen, für die Ritthof-Geschichte nicht. Denn dort tritt eine machtvolle Rächergestalt, ein „lippenwulstendes" Gespenst, dem Opfer Johanns zur Seite: ein Phantasiewesen undefinierten Geschlechts, das den zur Anwendung körperlicher Gewalt, vielleicht zum Mord entschlossenen Mann bestraft.

Die Statue des heiligen Quirin beherrscht den Dorfplatz von Bliesgersweiler, sie steht in der Nähe einer ebenfalls in der Erzählung erwähnten Gastwirtschaft. Dessen ungeachtet hat Döblin die Geschichte ausdrücklich in dem Nachbarort Bliesschweien angesiedelt. Die auftauchenden Namen – der Gastwirt Nikolaus Schlöser, der Schmied Liewennen oder der Fuhrunternehmer Bell – sind allerdings in der Umgebung nicht nachweisbar.

Sei eine der Figuren Alfred Döblins von Beruf Seefahrer, bedeute dies, so Althen, ein „wiederkehrendes Synonym für Unzuverlässigkeit" *(Althen, Böhmen, S. 251)*. Denn der Vater Max Döblin habe einst die Familie mit einem Schiff der Hamburg-Amerika-Linie verlassen: „Die Wirklichkeit ist noch paradoxer als die Dichtung. Während Johann Völker sich nicht dazu entschließen kann, seinen Vater im Hessischen zu belügen, täuschte Döblins Vater die Familie über seine wahren Absichten mit einer vorgeblichen Reise nach Mainz".

So gesehen wäre die Züchtigung des ‚Seefahrers' Johann durch das geheimnisvolle Wesen eine symbolische Ersatzhandlung: die Bestrafung des eigenen Vaters für das Verlassen der Familie. Das würde auch erklären, wieso Sebalds Befund, dass die Frauen in Döblins Frühwerk stets zum Opfer würden, in dieser Erzählung nicht zutrifft: der Bestrafungswunsch gegenüber dem Vater war hier offenbar stärker ausgeprägt als seine Misogynie.

Die damalige Literaturkritik konnte mit dem Text nicht allzuviel anfangen; recht allgemein wird im Zusammenhang mit dem Novellenband von „Phantastisch-Bizarrem" und „Übersteigerung" gesprochen *(General-Anzeiger, Mannheim, 11.12.1917; Schuster/Bode, S. 49)*. Der Kritiker Kasimir Edschmid benutzt selbst ein etwas diffuses Bild, wenn er schreibt, dass „das Fleisch des Hergangs nicht zum Gerippe, sondern zum Gespenst der Gegenstände filtriert" worden sei *(Frankfurter Zeitung, 18.7.1918; Schuster/Bode, S. 50)*. Der Rezensent des katholischen „Hochland" wendet ein, dass „Döblin eine besondere Begabung zur Darstellung schnurriger Vorgänge und Menschen habe, die freilich unter einem wüsten Gerank zu ersticken" drohe *(Franz Herwig in: Hochland, Jg. 17 (1920), S. 617; Schuster/Bode, S. 50)*. Einen damals nicht weiter verfolgten Deutungshinweis gibt der Saarbrücker Kritiker Arthur Friedrich Binz, der im Hinblick auf die beiden Erzählungen „Das Gespenst vom Ritthof" und „Das verwerfliche Schwein" von „‚psychoanalytischen' Novellen" spricht *(Vgl. S. 97)*.

„Das verwerfliche Schwein"

Die im Spätsommer 1917 entstandene Groteske „Das verwerfliche Schwein" spielt in Saargemünd *(Althen, Butterblume, S. 554)*. Zuerst abgedruckt wurde die Erzählung im Oktoberheft 1917 in der „Neuen Rundschau" *(S. 1377-1387)*. Hubert Feuchtedengel, der Protagonist, ist „Medizinalpraktikant in einem lothringischen Bezirkskrankenhäuschen" und 38 Jahre alt, also im gleichen Alter wie Döblin, als er die Erzählung schrieb. Der Text setzt ein mit einer biographischen Rückblende, die eine seltsame Verwechslung oder Fehlleistung beschreibt: Feuchtedengel hält eine morgendliche Erektion für einen Bandwurm, und er winselt geradezu darum, dass ihm sein Vorgesetzter Strick wegen angeblicher „Hirnsepsis" eine Injektion mit Kollargol verabreichen solle. Diese dann in der Erzählung ausführlich beschriebene Prozedur liest sich wie ein sadomasochistisches Arrangement.

> Ein ähnliches Thema findet man auch in der zur gleichen Zeit entst. Novelle „Der vertauschte Knecht" (Althen, Böhmen, S. 252: „Sadismus als Zeitvertreib").

Später wird es verworren: Der Teufel taucht auf, schleppt den toten Feuchtedengel (der merkwürdigerweise noch sprechen kann) zu Strick, den er ebenfalls tötet. In einem phantastischen Akt von

Entmaterialisierung verleibt sich der Teufel die beiden Leichen ein. Zurück bleiben nur „Asche, weiße Knöchelchen". Und dann geleitet der Teufel eine zufällig vorbeispazierende Dame galant ins nächste Café …

Ein Traum? Eine Wahnvorstellung? Eine Wunschprojektion? Eine Drogenhalluzination? Oder bloß Medizinerzynismus? Eines der zentralen Themen der Erzählung ist die Frage der Macht bzw. der hierarchischen Abhängigkeit zwischen Menschen, die in grotesk übersteigerter Weise geschildert wird. Feuchtedengel ist geradezu todesbesessen. Strick glaubt, sogar dem Teufel Befehle erteilen zu können, bis dieser ihn eines Besseren belehrt. Die Leichen sind lächerliche Kreaturen, stinkende Wesen, die nicht mehr lebendig, aber auch noch nicht tot sind; sie agieren in einer Art Zwischenexistenz, die sie selbst offenbar als normal empfinden. Sie können nicht nur miteinander reden, sondern sich auch mit Krankenschwestern unterhalten. Und sie sind pflichtbewusst, selbst noch im Tod. Als die tägliche Visite ansteht, zögert Feuchtedengel, weil sein Körper bereits Auflösungserscheinungen zeigt. Strick springt für ihn ein: „Ich bin noch etwas warm", sagt er, „ein paar Stunden wird's noch gehen".

Doch auch der Teufel selbst ist ein armer Tropf. Er hat Ärger mit seinen ‚Vorgesetzten', weil er in letzter Zeit zu viele und zu feuchte Leichname in die Hölle brachte: „Mit der Hitze ist es aus bei uns. Ich kann keinen mehr anbringen. Sie müssen alle erst getrocknet werden". Übrigens tauchen sowohl das Motiv der nassen Toten, die das Höllenfeuer zum Erlöschen zu bringen drohen, wie das der menschenverschlingenden Teufel in dem zur gleichen Zeit entstandenen „Wallenstein"-Roman auf.

> *„[…] schluckt hundert Verdammte, läßt sie in Schlund und Magen herumwirbeln, da wühlen sie in Sudel, Wust, Lauge, dann würgt es sie wieder aus […] und speit sie dann auf einen Patzen hin" (S. 276).*

Zwar sind die geographischen Bezeichnungen (Neubrückenstraße, Kapellenstraße, Parkstraße, Großhafenstraße)

> *Neubrückenstraße heute: Rue Louis-Pasteur, früher: Rue du Pont-Neuf, zwischendurch: Adolf-Hitler-Strasse. Kapellenstraße heute: Rue de la Chapelle. Parkstraße heute: Rue du Parc. Großhafenstraße heute: Rue Poincaré. Jeannie Jung: „Sarreguemines hier et aujourd'hui à travers … 177 cartes postales", Edition Pierron, Sarreguemines 1979, S. 48.*

in Saargemünd lokalisierbar; und das Kollargol, ein wasserlösliches Silberpräparat, das eine Zeitlang als bakterientötendes Mittel bei septischen Wunden bzw. Infektionen verwendet wurde, verweist auf die Jahre kurz nach 1900. Gleichwohl mutet die Erzählung seltsam entrückt und ahistorisch an, fast wie eine mittelalterliche Gespenstergeschichte. Bedenkt man allerdings die große Zahl grauenvoll Verletzter, die täglich in das Lazarett eingeliefert wurden, mag einem diese Erzählung Döblins wie ein Tagtraum oder eine Fieberphantasie erscheinen. Oder wollte er mit solchen Schauergeschichten die täglichen Zumutungen auf Distanz halten?

In einem Brief an Martin Buber vom 13. Dezember 1915 schilderte Döblin am Beispiel des „Wang-lun"-Romans seine damalige literarische Methode *(Briefe 1, S. 80)*. Er schreibe „stets völlig unwillkürlich, das ist keine Phrase". Dieses Verfahren erinnert an die ‚écriture automatique' der französischen Surrealisten, die etwa zur gleichen Zeit auf genau diese Weise an die kreative Potenz des Unbewussten anzuknüpfen versuchten. Bedenkt man Döblins Alltag, ist es kein Wunder, dass dabei vor allem Bilder von Leid, Gewalt, Schrecken, Wahnsinn, Verstümmelung und Tod evoziert wurden.

Der Konflikt mit den Vorgesetzten

Ein Streit mit seinen Vorgesetzten im April 1917 hatte zur Folge, dass Döblin von Saargemünd nach Hagenau versetzt wurde. Folgendes war geschehen: Ohne Rücksicht auf militärische Hierarchie und vorgeschriebenen Dienstweg hatte sich Döblin über seinen Vorgesetzten, den königlich-bayrischen Oberstabsarzt Dr. Friedrich Ott, den Leiter des Saargemünder Garnisonsspitals, direkt bei dem in Saarbrücken residierenden Generalarzt Dr. Rudolf Johannes beschwert. Im Januar 1919 erwähnte Döblin diesen Konflikt in einem Beitrag im „Neuen Merkur" („Die Vertreibung der Gespenster") nur kurz, sich selbst bezeichnete er darin distanziert als „Interpellant". „Die Feinde Deutschlands", das seien nicht Franzosen oder Engländer, der Feind, schrieb er, stehe „mitten im Land!": „Stabsärzte, die mit der Reitpeitsche durch die Krankensäle gingen, Pastoren, die ritten und am liebsten Dienst mit Waffe taten." Und dann, in einem einzigen Satz: „Der aktive Generalarzt, der vom Hunger seiner Kranken hörte, aber den Interpellanten bestrafen wollte wegen fehlerhaften Vorgehens." *(Schriften Politik, S. 75)*. Mehr Details dann in dem am 19. Oktober 1926 in der „Weltbühne" erschienenen Artikel „Ferien in Frankreich" *(Schriften Leben, S. 67ff)*. Als Gutachter war Döblin zu einem Militärgerichtsverfahren wegen sog. Fahnenflucht nach Straßburg beordert worden. Er habe, schreibt Döblin, jenes Ritual als eine „ganz unverständliche Prozedur" in einem „ganz weltfremden Stil" empfunden, und er sei erleichtert gewesen, direkt nach seiner Aussage entlassen worden zu sein. In diesem Zusammenhang – „Das gehört nicht hierher, ist aber ehern in mein Herz geschrieben" – kommt er auf jenen Vorfall zu sprechen, der sich in der ersten Aprilhälfte 1917 ereignet haben dürfte.

Döblin behauptet in dem Artikel, den im Militärreglement vorgeschriebenen Dienstweg bei Beschwerden über Vorgesetzte nicht gekannt zu haben, vielleicht hatte sich die Gelegenheit für eine Unterredung zufällig ergeben, vielleicht verstieß er aber auch absichtlich gegen die Vorschriften.

Jedenfalls erschien er eines Tages „klagend" vor dem Generalarzt, seinem „höchsten Chef". Anlass der Beschwerde war die Vermutung, dass die Verwundeten zu wenig Essen erhielten. „Meine Patienten hatten über Hunger geklagt. Ich hatte ihre Gewichte und die Speisen lange sorgfältig nachkontrolliert, der Nährwert der Speisen war mir ungenügend erschienen. In der Küche schienen mir sonderbare Dinge vorzugehen, mein unmittelbarer Chef hatte die Sache auf die leichte Achsel genommen." Darum habe er in Saarbrücken interveniert.

Ausführlich beschreibt Döblin das zunächst offenbar normal verlaufende Gespräch, das allerdings schnell eskalierte. Er schildert zunächst den Beginn der Unterredung, zitiert dann einzelne Sätze aus dem ausbrechenden Streit, um schließlich den heftigen

Wortwechsel ohne Anführungszeichen zu protokollieren: „Jetzt stand ich vor dem Allerhöchsten vom Generalkommando in Saarbrücken. Er fuhr mich grausig an. Ich wollte vom Hunger meiner Patienten reden; er pfiff schneidig, ob ich genau wüßte, was ich täte; was das wäre, was ich wollte. ‚Haben Sie die Bestimmungen über das Beschwerdeverfahren im Kopf?‘ Ich gestand, keine Ahnung davon zu haben. Er wollte wissen, ob das eine Beschwerde über meinen Chefarzt wäre oder nicht. Gedrängt erklärte ich, ich wollte ihm vom Hunger meiner Patienten, von unsrer Küche erzählen. Das hätte ich meinem Chefarzt vorzutragen. Das habe ich bereits getan; es ändert nichts. Dann ist das eine Beschwerde, und ich habe das Beschwerdeverfahren innezuhalten. Alles in einem schrecklich scharfen Ton, dem des belästigten Militärs gegen den Zivilisten. Ich stand spontan auf, wiederholte: ich hätte geglaubt, ihm von den Klagen meiner Patienten berichten zu müssen, zum mindesten zu dürfen; ich war erregt; der Mann machte trotz seiner Schneidigkeit einen scheußlichen Eindruck auf mich. Selbst wenn Alles falsch war von dem, was ich vortrug, mußte er, der Arzt, den Fehler in den Formalien übersehen und der Sache nachgehen; ich war ordinierender Arzt. Wie ich aufstand und den Ton wechselte, machte er eine Handbewegung, ich sollte mich wieder setzen. In unfreundlicher, aber zahmerer Weise forderte er mich auf, meinen Spruch herzubeten. Er entließ mich dann kalt, ohne aufzustehen, ohne die Hand zu geben, ohne zu nicken, mit einem unnahbaren ‚Danke‘. Ein paar Tage darauf kam ich um Urlaub ein. Die Erregung über die Sache, die Unfähigkeit, durchzudringen, machte mich krank.

Vom 25.4. bis 21.5.1917 war D. wegen einer Typhus-Infektion dienstunfähig geschrieben, die er in Heidelberg kurierte. Huguet, S. 63.

Als ich nach drei Wochen wiederkam, war doch Einiges geschehen. Der Allerhöchste war eigens aus Saarbrücken hergekommen, hatte alle Räume durchwandert, war in der Küche gewesen; das Essen besserte sich, wenigstens vorübergehend. Ich – meine Tage aber waren hier gezählt, das wußte ich. Ich fiel ein bißchen die Treppe hinauf.

Gemeint ist wohl die Beförderung zum Kriegsassistenzarzt am 18.8.1918; Abb. S. 87.

Man schickte mich in die Nähe dieses Straßburg, wo ich auch unter den alten aktiven Herren strenge, aber menschenfreundliche Leute traf.“
(Schriften Leben, S. 72f).

Hagenau

Am 2. August 1917 verließ Döblin mit seiner Familie Saargemünd und zog in das 75 Kilometer entfernte Hagenau um. Mit seinen 14.700 Einwohnern (ohne das Militär) war die Stadt etwas kleiner als Saargemünd. Für Döblin war es zumindest unter einem Gesichtspunkt eine gute Fügung, denn nun hatte er bequemeren Zugang zu der nur etwa dreißig Kilometer entfernten Straßburger Bibliothek, auf deren Bestände er für die Arbeit am „Wallenstein"-Roman dringend angewiesen war. Im Melderegister der Stadt ist Alfred Döblin nicht verzeichnet. Bei der Einwohnerermittlung am 5. Dezember 1917 wurden in der Schanzstraße 26 nur seine Frau und die drei Söhne Peter, Wolfgang und Klaus erfasst, Döblin selbst scheint in den Listen seiner Kaserne oder des Lazaretts geführt worden zu sein *(Vermutet Michel Traband, Stadtarchiv Haguenau)*. Die „Schanzstraße" heißt heute „Rue de la Redoute", die Numerierung des Hauses hat sich ebenfalls geändert, es trägt inzwischen die Nummer 30 *(Auskunft des Stadtarchivs Haguenau vom 23.6.2009)*.

Die Schanzstraße begrenzt den Stadtkern in südlicher Richtung. Auf der einen Seite erstreckt sich ein mehrere hundert Meter langer, elf Hektar großer militärischer Komplex („Quartier Thurot").

In dem heute leerstehenden Gebäude war bis in die 1980er Jahre das 2. Dragonerregiment untergebracht. Auf der gegenüberliegenden Straßenseite stehen mehrere ein- und zweistöckige Häuser, in denen zuerst deutsche, später französische Militärangehörige wohnten. Das Haus der Döblins – vier Fenster zur Straße im Erdgeschoss, in der ersten Etage ein kleiner Balkon – wirkt heute unbewohnt und macht einen heruntergekommenen Eindruck: Der Putz ist abgeblättert, das Eingangstor verrostet, der Balkon wirkt einsturzgefährdet und die gläserne Überdachung der Haustür hat mehrere Risse *(Abb. S. 83)*.

Döblin war in zwei Krankenhäusern tätig: in dem an der Straße nach Bischweiler gelegenen Militärhospital sowie in dem provisorisch eingerichteten Lazarett Carmel in dem südöstlich von Hagenau gelegenen Vorort Marienthal; zudem war er für die Ausbildung der Krankenschwestern verantwortlich *(Huguet, S. 64)*. Der knapp fünfjährige Peter und sein zweieinhalbjähriger Bruder Wolfgang besuchten die katholische Kleinkinderschule St. Georg *(Huguet, S. 64)*. Klaus, der dritte Sohn, war erst wenige Wochen alt.

Am 6. Juni 1918, zehn Monate nach seiner Ankunft in Hagenau, wurde Döblin durch eine Verfügung (IVb Nr. 2330/2491) des stellvertretenden Generalkommandos des 21. Armeekorps die ärztliche Kontrolle der „Gesundheitsverhältnisse von Kriegsgefangenen [des] IV. Landst.Inf.Ers.Batl. Saarbrücken" übertragen. Einen Monat später, am 3. Juli 1918, erhielt Döblin ein Schreiben *(Abb. S. 85)* der Landsturm-Inspektion Saarbrücken, Abteilung für Kriegsgefangene, mit dem Befehl, diese Kontrollen auch in elsässischen Betrieben durchzuführen, „mindestens einmal in jedem Vierteljahr"; in Schweighausen war es eine Papier- und eine Bohrgerätefabrik, in Reichshofen die Eisenbahn- und Herdbaufirma de Dietrich und in Selz die Ziegelei Bisch. „Die Reihenfolge", heißt es in dem Schreiben, „[…] muß Ihrem Ermessen […] überlassen werden; Rückkehr in den Standort am gleichen Tag wird sich stets ermöglichen lassen, so daß ohne zwingenden Grund Gebührnisse für Übernachtungen u.a.w. nicht in Anspruch zu nehmen sind." Die Ergebnisse seien zum ersten eines jeden Monats schriftlich an das Bataillon zu melden.

Eine seltsame Fügung, dass Döblin ausgerechnet die Zuständigkeit für die Gesundheitskontrolle von Kriegsgefangenen übertragen wurde, nachdem er aus einem ähnlichen Grund strafversetzt worden war. Ob und in welchem Umfang angesichts der militärischen Lage Döblin diesen Aufgaben nachkam, ist nicht bekannt.

Kurz vor Kriegsende, am 18. August 1918, wurde „Dr. Döblin (Alfred) (V Berlin) beim Res. Laz. Hagenau i. E." durch „Allerhöchste Kabinettsordre – Sanitätskorps" zum „Kriegs-Assistenzarzt auf Widerruf" ernannt *(Abb. S. 87)*. Die Verfügung wurde am 5. Oktober vom Sanitäts-Departement des Berliner Kriegsministeriums bestätigt. Da sich das Dokument im Nachlaß Döblins befindet, hat er es trotz der Wirren in den letzten Kriegstagen noch erhalten.

„Doktor Döblin"

Am 19. Januar 1918 war Frieda Kunke gestorben, die Mutter von Alfred Döblins erstgeborenem (unehelichen) Sohn Bodo. Unter dem Eindruck dieses Ereignisses verfasste Döblin parallel zum „Wallenstein" einen ersten explizit autobiographischen Text mit dem Titel „Doktor Döblin".

Erich Kleinschmidt, der Herausgeber des erst 1971 veröffentlichten Manuskripts, beschreibt die biographischen Umstände zu dieser Zeit: „Döblin arbeitet Anfang des Jahres 1918 im elsässischen Hagenau als inzwischen fast schon vierzigjähriger Militärarzt am Seuchenlazarett, physisch angeschlagen und psychisch bedrückt. [...] Für die anwachsende Familie, für den Beruf, aber auch für die eigene Autorschaft erscheinen ihm angesichts des unübersehbar als verloren sich abzeichnenden Krieges die politischen und literarischen Perspektiven ungewiß. [...] Den Alltag [...] bestimmen Krankheit und Spannungen mit den Vorgesetzten. Döblins Lebensgefühl ist ein Zustand zwischen quälender Verstörung und ersehntem Aufbruch." *(Doktor Döblin, S. 13)*. Auf zwölf handschriftlichen Seiten schildert Döblin zunächst nicht ohne Selbstironie seine aktuelle Lage („mehrfacher Autor von Kindern, Büchern und planlosen Handlungen"), dann blendet er zurück in die Kindheit, plötzlich bricht die Skizze ab.

> *„Oder ist sie verstümmelt worden", fragt Minder, „ehe Frieda und Erna auftauchten?", in: Wozu Literatur? – Reden und Essays, Bibliothek Suhrkamp 275, Frankfurt/M. 1971, S. 109.*

Seine äußere Erscheinung zu jener Zeit beschreibt Döblin folgendermaßen. Er sei ein Mann „von deutlich jüdischem Gesichtsschnitt mit langem Hinterkopf, die grauen Augen hinter einem sehr scharfen goldenen Kneifer, der Unterkiefer auffällig zurückweichend, beim Lächeln die vorstehenden Oberzähne entblößend, ein schmales langes, meist mageres, farbloses Gesicht, scharflinig, auf einem schmächtigen, unruhigen Körper." Vor allem versucht er über seine psychische Situation Klarheit zu gewinnen: „Es sind nicht leichte Erschütterungen und Erregungen, unter denen ich diese Lebensbeschreibung beginne, die mich treiben, sie anzufangen. Es ist ein unnatürliches körperliches Feuer, eine Hitze, der ich mit der Selbstbetrachtung, der Rückschau begegnen will. Mir hilft nicht Brom, ich kann nicht schlafen, mein Appetit ist wie erloschen. […] Ich gehe und sehe kaum einen Menschen, ich verlaufe mich, da ich nicht nach dem Straßenschild blicke; gequält bin ich sehr, verfolgt. Und ich hoffe, verfolgt von mir selbst. Ich nähere mich jetzt den Vierzig. […] Bitterkeit, das ist der richtige Ausdruck. […] Die Kraft ist in mir irgendwie geknickt, […] die Sicherheit ist weg. […] Der Tod hat für mich keinen Stachel, wir kennen uns, innerlich sitzt er in mir, er ist meines Wesens Kern. […] Es hilft mir nicht, daß ich schreibe und schreibe." *(Doktor Döblin, 3ff)*. Döblin durchlebt offenbar eine tiefe seelische Krise mit allen Anzeichen einer Depression.

Kriegsende

Döblin blieb bis zum Ende des Ersten Weltkriegs in Hagenau. Am 11. November 1918 war im Waffenstillstand von Compiègne festgelegt worden, dass die deutschen Truppen innerhalb von fünfzehn Tagen Elsaß-Lothringen zu verlassen hatten. Zwanzig

Jahre später beschrieb Döblin im ersten Band der Novembertetralogie ausführlich die Ereignisse jener Tage. Frühe Berichte über die Revolution im Elsass veröffentlichte Döblin im Januar und Februar 1919 in der „Neuen Rundschau" („Die Vertreibung der Gespenster" sowie „Revolutionstage im Elsass") *(Schriften Politik S. 59ff)*. Am 8. November 1918 habe ihm, schreibt er in dem zuletzt genannten Artikel, ein Oberinspektor, ein „alter Kommißstiefel", „ohne besondere Aufregung" berichtet, „es sei ein Intendanturbeamter aus Saarbrücken da, man hätte eben aus Saarbrücken angeklingelt, er solle sich Zivil anziehen, Matrosen seien angekommen, es gebe Revolution wie in Kiel". Die Hagenauer Ereignisse der nächsten Tage beschreibt Döblin mit vielen Details: die meuternden Soldaten, die Befreiung der Gefangenen, die Entwaffnung der Offiziere, die Besetzung des Garnisonskommandos, die Bildung der Soldatenräte, Plünderungen in Kasernen und Lazaretten, Tumulte auf den Straßen: „Ein Krankenträger von der städtischen Sanitätskompagnie wird dabei erwischt, wie er in seiner Krankenbahre die Marmorplatten der Nachtkästen davontragen will, man denke die Marmorplatten der Nachtkästen". Auch „zu Hause" seien die Ereignisse zu spüren: „Am frühen Morgen ist mein Bursche weg mit zwanzig Mark; so feiert man Revolution. [...]

Durch die Hauptstraßen Möbelwagen auf Möbelwagen nach der Bahn zu. […] Man schreibt sich einen Urlaubsschein, unterschreibt ihn selbst oder lässt ihn vom Soldatenrat unterschreiben; der Soldatenrat unterstempelt alles. […] Am Mittwoch sind wir gänzlich kopflos, das heißt: Chef, Oberinspektor, Feldwebel, alles weg unter irgendwelchen Gründen. Das Lazarett soll abmarschieren, wir warten unruhig auf unseren Zug, es herrscht ungeheure Waggonknappheit, dreihundert werden von der Bahn verlangt, zwanzig sind da. […] Am Donnerstagabend unter den Fackeln grellen Magnesiumlichts im Finstern Abfahrt des schwerfälligen Transportzuges. Tagelang fahren wir. Man friert sich zu Tode. […] Am Mittwoch in Berlin. […] Ich muß mich erst zurechtfinden" *(S. 70f)*. Einen fast gleichlautenden, allerdings verzweifelteren Ausdruck von Ratlosigkeit („Nur finde ich mich nicht zurecht") hatte er bereits in der Zueignung seines chinesischen Romans „Die drei Sprünge des Wanglun" formuliert.

Döblin wohnte mit seiner Familie vorübergehend bei Mutter und Bruder in Berlin-Lichtenberg, Parkaue 10, bis er Anfang 1919 in die Frankfurter Allee 340 umzog, wo er seine Praxis wiedereröffnete *(Huguet, S. 66)*.

Döblin und Arthur Friedrich Binz

In Berlin erreichte Döblin gut fünf Jahre später, im Sommer 1924, Post aus Saarbrücken. Aufgegeben hatte sie Arthur Friedrich Binz, ein angehender Schriftsteller und Döblin-Verehrer, der ihn nach seinen Erinnerungen an Saargemünd befragte. Dieser Saarbrücker Autor und Journalist ist heute fast vergessen, obwohl er in seinem kurzen Leben ein erstaunlich umfangreiches Werk publiziert und für eine ganze Reihe von überregional bekannten Zeitschriften geschrieben hat, darunter die „Frankfurter Zeitung" und „Hochland". Außerdem hat er in vielfältigen Kontakten zu Kollegen und Verlagen gestanden *(Karl Willy Straub: „Arthur Friedrich Binz – Kritiker und Mensch", in: Saarheimat 8/1958, S. 12).*

Am 26. November 1897 in Saarbrücken geboren, arbeitete Binz dort einige Jahre als Volksschullehrer. Wegen eines Lungenleidens musste er den Beruf aufgeben. Er starb am 13. Dezember 1932, vier Jahre nach seiner Frühpensionierung. Im Alter von 23 Jahren erschien sein Debüt, die biblische Erzählung „Bilder um David". Binz stellte Anthologien für die Jugend zusammen („Abenteuerliche Fluchten", „Das Räuberbuch"), er sammelte in zwei Bänden seine literarischen Essays (u. a. über Balzac, Hesse, Dauthendey, Engelke, Friedrich Huch und Thomas

Mann), und er gab zwei monographische Reihen über zeitgenössische Schriftsteller heraus.

In der Reihe „Dichter der Gegenwart" (Wolfrum Verlag, Würzburg) schrieben z.B. Michael Becker über Reinhard Johannes Sorge, Martin Rockenbach über Jakob Kneip und Wilhelm Schulte über Hans Roselieb. Die andere, ähnlich konzipierte Reihe hieß „Dichter des Abendlands".

Döblin war vermutlich nicht der einzige prominente Korrespondenzpartner von Binz, denn ein Saarbrücker Kollege von Binz, Alfred Petto, erinnerte sich, in dessen Wohnung ein Photo von Thomas Mann gesehen zu haben, „groß eingerahmt, […] mit der Widmung an seinen leidenschaftlichen Verehrer".

Alfred Petto: „Erinnerung an Arthur Friedrich Binz", in: Saarländische Volkszeitung, 28.11.1951.

Ende 1922, sieben Jahre nach der Veröffentlichung des Romans „Die drei Sprünge des Wang-lun", hatte sich Binz zum ersten Mal mit Döblin beschäftigt *(Der Gral, Essen, Heft 3, Dez. 1922, S. 120-122; Huguet Bibliogr. Nr. 2256).* Ausführlicher schrieb er über ihn im letzten Kapitel („Europäischer Roman") seines zweiten Essaybands.

„Von Aufbruch und Untergang – Aufsätze über Dichter und Dichtungen", Verlag Hermann Meister, Heidelberg 1927. Der erste Essayband war 1924 im Wolfrum Verlag unter dem Titel „Die abendliche Allee" erschienen.

Vermutlich hat Binz während der Arbeit an diesem Essay Kontakt zu dem Berliner Autor aufgenommen. Allerdings sind weder das Schreiben von Binz noch Döblins Antwortbrief erhalten.

> Nicht nur diese Korrespondenz ist unauffindbar, verschwunden ist auch der komplette lit. Nachlass von Binz. Nach dem frühen Tod ihres Bruders Friedrich Enzio bewahrte ihn Binz' Tochter Maria Elisabeth Pillon-Binz auf. Weil sich nach ihrem Tod am 21.3.1985 keine saarl. Institution am Erwerb interessiert zeigte, wurde der Nachlass durch das Auktionshaus Peretz versteigert. Listen der Käufer existieren nach Auskunft des neuen Geschäftsinhabers nicht (wenn es sie je gegeben hat).

Bekannt sind nur jene Passagen *(Briefe 2, S. 41)*, die Binz am 9. Oktober 1924 in dem Artikel „Alfred Döblin – und das Saarland" in der „Saarbrücker Zeitung" veröffentlichte *(S. 91ff)*. Formulierungen darin legen die Vermutung nahe, dass Binz mehrere Briefe Döblins vorlagen, aus denen er zitierte bzw. die er zusammenfasste. Mit einem veränderten Kommentar, in dem er genauer auf Döblins Streit mit dem Generalarzt einging (vermutlich hatte Binz den zwei Jahre zuvor in der „Weltbühne" erschienenen Beitrag „Ferien in Frankreich" zur Kenntnis genommen),

> „Er war ein schweigsamer Kamerad, der nach ‚oben' dadurch auffiel, daß er den gemeinen Mann und seine Sorgen allzu ernst nahm".

wurde der Artikel in den „Südwestdeutschen Heimatblättern" nachgedruckt (Saarbrücken 1928,

S. 23). Dort benutzte Binz auch den Ausdruck „‚psychoanalytische‘ Novellen“. Die zitierten Briefpassagen Döblins sind in beiden Fassungen identisch – mit Ausnahme eines einzigen Wortes: Der Name des Saarbrücker Generalarztes wird in dem Zeitungsartikel genannt, in der vier Jahre später publizierten Fassung fehlt er. Merkwürdig allerdings, dass in dem Zeitungsartikel der Generalarzt „Classen“ heißt, wo er doch in allen Quellen als Dr. Rudolf Johannes angegeben wird. Hat sich Döblin falsch erinnert? Hat er absichtlich einen falschen Namen angegeben? Oder hat Binz – aus welchen Gründen auch immer – in dem Zeitungsartikel einen falschen Namen eingesetzt, bevor er ihn dann vier Jahre später verschwieg? Vielleicht liefert das Ende des Artikels einen Hinweis. Dort deutet Binz an, dass ihm, als er sich nach Döblin erkundigte, offenbar recht unfreundliche Erinnerungen an ihn berichtet wurden.

Berlin II

Döblin war längst nach Berlin zurückgekehrt, als zwei Beiträge von ihm in saarländischen Medien erschienen, einer in der Zeitschrift „Feuer“, ein anderer in der „Saarbrücker Zeitung“. Ob sie durch Binz vermittelt wurden, ob Döblin selbst Kontakte geknüpft hatte oder ob die Veröffentlichungen unabhängig davon erfolgt sind, ist ungewiß.

Eines der anspruchsvollsten Foren für zeitgenössische Kunst und Kultur jener Jahre war die in aufwendigem Vierfarbdruck und auf hochwertigem Papier gedruckte Zeitschrift „Feuer".

> *„Feuer" erschien wie die „Saarbrücker Zeitung" im 1742 gegr. Hofer Verlag. Andere Verlagsorte der im 3. Jg. eingestellten „Monatsschrift (später: Illustrierte Monatsschrift) für Kunst und künstlerische Kultur" waren lt. Impressum Berlin, Leipzig u. Stuttgart. Hg. war Guido Bagier (Düsseldorf), künstl. Leiter der Saarbrücker Paul Hoffmann.*

In Heft 9 des ersten Jahrgangs (Juni 1920) wurde unter der Überschrift „Das Zauberspiel (Aus einem Roman)" ein Auszug aus dem vierten Buch („Kollegialtag zu Regensburg") des im gleichen Jahr erschienenen Romans „Wallenstein" abgedruckt; der Vorabdruck folgt einer später überarbeiteten Manuskriptfassung *(S. 686-690. Wallenstein, S. 337–342).* Döblin beschreibt darin den Auftritt einer Truppe „Schauspieler Zauberkünstler und Quacksalber". Sie locken mit zwei Schimpansen, Hunden und allerlei Fabelwesen die Zuschauer auf eine tiefer liegende Bühne herab, wo alle Beteiligten in einen fiebrigen Taumel und sexuellen Rausch geraten, bis sich am Ende alles in einer monströsen Orgie und einem gewaltigen Feuer entlädt.

„Nur bläuliche durchsichtige Schatten von Menschen setzten sich neben ihn; das waren die er verschlungen hatte: sie suchten von Zeit zu Zeit in seinen Mund einzudringen, um ihre Leiber zu holen, aber er sperrte krampfhaft die Kiefer, schnatterte grimmig gegen sie mit den Zähnen. [...] Die Feuersäule bewegte sich nicht. Wie an den Füssen abgeschnitten, brach sie plötzlich zusammen. Der Rauch schwelte über die Diele, legte sich dick über die Geschöpfe, die hilflos im Tumult kreischten und sangen. In Stößen drang frische Tagesluft ein.“ (Wallenstein, S. 341f; bzw. Feuer, S. 689).*

Im gleichen „Feuer“-Heft ist ein Aufsatz von Kasimir Edschmid abgedruckt („Döblin und die Futuristen“), die siebte Folge der Reihe „Profile“, der die Entwicklung von Döblins Auffassung über die Thesen des italienischen Futuristen Filippo Tommaso Marinetti nachzeichnet *(S. 681ff)*. „Döblin hatte das Programm nicht probiert, als er es lobte, und wie er es anpaßte, sprengte er es auseinander“. Schon im Januar-Heft (1920) von „Feuer“ war Döblin mit seiner im „Neuen Merkur“ *(III, 3: „Reform des Romans“)* geäusserten harten Kritik an Otto Flakes Roman „Die Stadt des Hirns“ auf ausdrückliche Zustimmung gestoßen *(S. 308f)*.

Acht Jahre später, am 9. Oktober 1928, erschien in der „Saarbrücker Zeitung“ Döblins Feuilleton „Eine kassenärztliche Sprechstunde“. Er beschreibt darin eines der zentralen Probleme seines Berufs, das er folgendermaßen zusammenfasst: „Sie wollen ihr Krankengeld, sie wollen ausruhen, es sind morbide, brüchige Menschen, sie sind ja auch ‚krank‘, eigentlich ein bißchen immer krank. Soll man sie zur Arbeit schicken? […] Wir sind […] als leise Puffer zwischen den jedem bekannten gesellschaftlichen Gewalten eingefügt.“

Dieses Nachwort ist nicht der Ort, die vielfältigen literarischen Reminiszenzen Döblins an seine Militärzeit ingesamt nachzuzeichnen. Nur einige seien genannt. Der erste Teil der Tetralogie „November 1918“, der Roman „Bürger und Soldaten“, spielt komplett in Lothringen und im Elsass. Auch in „Berlin Alexanderplatz“ finden sich einschlägige Passagen. So erzählt Franz Biberkopf von einem Offizier: „mit fuffzich fängt doch die Mauke an. Bei den Preußen hatten wir einen alten Hauptmann der Reserve, der war erst vierzich, aus Saarbrücken, Lotterieeinnehmer – das heißt […] vielleicht war er Zigarrenfritze –, der hatte die Mauke schon mit vierzich, im Kreuz. Da hat er aber stramme Haltung draus gemacht. Der ging wie ein Besenstiel auf Rollen. Der hat sich immer mit Butter einreiben lassen. Und wies keine Butter mehr gab, so 1917, und bloß noch Palmin, prima Pflanzenöl, und ranzig war es auch noch, da hat er sich totschießen lassen“ *(S. 170)*. Und in einer chronologischen Zusammenschau („Eine Weile lang nichts, Ruhepause man saniert sich“) zählt der Autor mehrere gleichzeitig stattfindende

Ereignisse auf: „Am Abend des 9. Februar 1928, an dem […] die Lage im Saargebiet verschärft erschien, am Abend des 9. Februar 1928, einem Dienstag […], stand Franz Biberkopf am Alexanderplatz an einer Litfaßsäule" *(S. 172)*. Allerdings war der 9. Februar 1928 ein Donnerstag.

Spuren indirekter Art finden sich in dem zu großen Teilen in Saargemünd und Hagenau niedergeschriebenen „Wallenstein"-Roman *(„Elsaß, das herrliche Elsaß", S. 10)*. Und zwar da, wo Gewaltexzesse, Kriegsgreuel und Willkür von Vorgesetzten geschildert werden: „Kompetenzschwierigkeiten, Eifersucht, Ehrgeiz: das alte Lied" *(Wallenstein, S. 615. Vgl. dazu auch S. 69)*.

Alfred Döblin wurde in den 1920er Jahren von einer stetig wachsenden Leserschaft als Autor wahrgenommen („Berge Meere und Giganten", 1924; „Manas", 1927). Sein 1929 erschienener Roman „Berlin Alexanderplatz" war sein erfolgreichstes Werk, das ihm, mehrfach verfilmt, einen gewissen Wohlstand bescherte. Er unternahm ausgedehnte Lesetourneen durch Deutschland. Auch Auslandsreisen konnte er sich leisten, so 1924 nach Polen. Zwei Jahre später fuhr er nach Frankreich, mit einem Abstecher nach Straßburg. 1931 konnte er endlich eine größere Wohnung finanzieren und zog an den Kaiserdamm Nr. 28.

Emigration und Exil

Durch die Machtergreifung Hitlers war auch das Leben Alfred Döblins bedroht. Aufgrund einer Warnung floh er am 29. Februar 1933, einen Tag nach dem Reichstagsbrand, mit dem Zug in die Schweiz. Seine Familie folgte wenig später. Er erwog, sich in Straßburg niederzulassen, fuhr im September 1933 dann doch nach Paris. Im Oktober 1936 wurde ihm die französische Staatbürgerschaft verliehen. Ende 1937 begann er mit dem ersten Band der „November"-Tetralogie. 1938 reiste er in Begleitung seines Freundes Robert Minder zu Vorträgen nach Straßburg, Nancy und Hagenau. Im Oktober 1939, wenige Wochen nach Ausbruch des Zweiten Weltkriegs, wurde er vom französischen Informationsministerium angestellt. Ein Jahr später, am 3. Oktober 1940, verließen Alfred Döblin, seine Frau und der 1926 geborene jüngste Sohn Stephan Frankreich und gelangten über Lissabon in die USA.

Es folgte ein unglückliches Jahr als ‚scriptwriter' bei der Filmgesellschaft MGM in Hollywood, danach lebte die Familie von Arbeitslosenunterstützung und von als beschämend empfundenen Überweisungen einiger besser situierter Kollegen wie Lion Feuchtwanger. Am 30. November 1941 ließen sich Alfred, Erna und Stephan Döblin katholisch taufen. Im März

1945 erreichte sie die Nachricht vom Tod Wolfgang Döblins. Mitte Oktober 1945 kehrte Alfred Döblin in Begleitung seiner Frau als einer der ersten West-Emigranten nach Europa zurück.

Baden-Baden

Am 19. Oktober 1945, vier Tage nach seiner Ankunft in Le Havre, nahm Döblin zum ersten Mal an einer Dienstbesprechung im Pariser Erziehungsministerium teil. Während er am 9. November nach Baden-Baden weiterfuhr, dem Sitz der französischen Militärverwaltung und des Hauptquartiers der französischen Streitkräfte in Deutschland, fand Erna Döblin vorübergehend Unterkunft bei Ernest Tonnelat, einem in Paris lehrenden Germanisten. Er hatte sich dafür eingesetzt, dass Alfred Döblin im Erziehungsministerium eine Anstellung erhielt. Für Raymond Schmittlein, den Leiter der Abteilung „Beaux Arts", hatte er eine Liste möglicher deutschsprachiger Mitarbeiter erstellt, auf der auch Döblin stand. Bis zum 1. Oktober 1949, dem Datum seiner altersbedingten Entlassung, bekleidete Döblin den Rang eines „Chargé des Fonctions de Chef du Bureau des Lettres" in der Abteilung „L'Éducation Publique du Gouvernement Militaire en Zone

Française" *(Huguet, S. 164)*. „Keine militärische Stellung", so wiegelte er in einem Brief ab, „sondern [...] nur assimilé, gleichgestellt dem Range der entsprechenden militärischen Kategorie" *(Briefe 1, S. 386)*. Zuständig war Döblin u.a. für die Erteilung von Druckgenehmigungen in der französischen Zone. Als eine der dringlichsten Aufgaben empfand er die Gründung einer neuen Literaturzeitschrift.

Schon am 25. November 1945 begann er, emigrierte Autoren zur Mitarbeit einzuladen, Feuchtwanger und Brecht waren die ersten. Vier Wochen später, am 1. Weihnachtstag, informierte er Wieland Herzfelde von dem Projekt: „ich habe in Baden-Baden die Herausgabe einer deutschsprachigen Monatsschrift (literarisch) vor; ich brauche Mitarbeiter, für Lyrik, Drama, Epik, Philosophie (keine Politik). Bitte doch die Autoren um Sie, also Graf, Bloch, Broch (auch Brecht, dem ich schon, ohne Antwort, direkt schrieb) und andere davon zu informieren, und sie möchten mir [...] *Manuscripte* schicken, geeignet im Umfang für den Abdruck in einer Zeitschrift, (also jeweils zwischen 5–10 Druckseiten für Prosa). Es liegt mir auch daran, von Anna Seghers, deren Adresse in Mexiko ich nicht habe, etwas zu bekommen. [...] Die Idee ist, Erstens den Emigrierten wieder das Tor öffnen, sie sollen in Proben (möglichst mit kurzen

Biographien) vorgestellt werden. Zweitens: Völker-
friede, Cooperation. Über die Honorierung haben
wir noch keine Entscheidung getroffen, und wie eine
Vereinbarung erfolgen kann; bitte mir aber zu vertrauen" *(Briefe 1, S. 330f.)*. In ähnlich lautenden Briefen
fragte er bei weiteren Autoren wegen Mitarbeit an:
Heinrich Mann, Rudolf Leonhardt, Paul Wiegler,
Ludwig Marcuse, Hermann Kesten, Mynona, Franz
Carl Weiskopf, Johannes R. Becher, Albert Ehrenstein, später auch Thomas Mann. Am 7. April 1946
stand der Titel der Zeitschrift fest: „Das Goldene
Tor".

*Vorgeschichte, Entwicklung und Ende der Zeitschrift sowie die
Rolle D.s schildert Alexandra Birkert in: „Das Goldene Tor –
Alfred Döblins Nachkriegszeitschrift", Frankfurt/M. 1989.*

Am 22. Juni schickte Döblin das Manuskript des
ersten Hefts an den Verlag „Moritz Schauenburg"
in Lahr. Der Verlag stand seit Ende des Zweiten
Weltkriegs unter französischer Zwangsverwaltung.
Wilhelm Dreecken, ein von den Nazis verfolgter
Verleger und Publizist, hatte dort als Lektor gearbeitet. Die Militärregierung setzte ihn bis zum
30. Juni 1949 als treuhänderischen Geschäftsführer
des Verlags ein.

*Einen biogr. Abriss über Wilhelm Dreecken (1887-1968) ver-
öffentlichte Hans-Gerd Haase in: Das Antiquariat (Wien), 13.
Jg., Nr. 3/1957, S. 77/9.*

Die erste Ausgabe der Zeitschrift trägt das Erscheinungsdatum 1. September, wegen Schwierigkeiten bei der Beschaffung des Druckpapiers gelangte das Heft allerdings erst Anfang Oktober in die Buchhandlungen.

Döblin und Anton Betzner

Von April 1946 bis Sommer 1949 war Anton Betzner Döblins Kollege in der Redaktion der Zeitschrift. Es war zunächst ein Arbeitsverhältnis, aus dem schließlich eine Freundschaft wurde. Und hatte Döblin zuerst Betzner gefördert, so kehrte sich dieses Verhältnis ein paar Jahre später um.

Am 13. Januar 1895 in Köln geboren, wohnte Betzner seit Ende des Zweiten Weltkriegs in Baden-Baden (Müllenbach Nr. 90). Da es in jenen Jahren nicht nur für Schriftsteller und Journalisten schwierig war, Arbeit zu finden, wird sich Betzner vermutlich bald an den Herausgeber gewandt haben, als er von dem Projekt hörte. Betzners Brief ist nicht erhalten, jedoch Döblins Antwort vom 6. April 1946 *(S. 147f)*. Günstig dürfte es gewesen sein, dass Döblin Betzner bereits Mitte der 20er Jahre kennengelernt hatte. Damals hatte sich Döblin für Betzners Debütwerk eingesetzt, den

Roman „Antäus", dessen Autor er zum Gewinner eines literarischen Wettbewerbs erklärte.

Die Wochenzeitschrift „Die Literarische Welt" hatte 1926 junge, unbekannte Autoren eingeladen, Manuskripte einzuschicken, die von drei Juroren begutachtet wurden. Brecht war für Lyrik zuständig, Ihering für Dramatik und Döblin für Epik. Zweihundert Erzählungs- oder Romanmanuskripte gingen ein, fünfunddreißig kamen in die engere Wahl und wurden Döblin vorgelegt. Neun davon bewertete er als „interessant". Im März 1927 begründete er sein Votum *("Unbekannte junge Erzähler", in: Die Literarische Welt, 18.3.1927)*. „Ich nenne folgende Autoren: / An der Spitze *Anton Betzner* (Oberhessen, Rüfenrod). Er legt einen Roman ‚Antäus' vor. Er ist der Stärkste von allen. Er ist ein Mann von plastischer wirklicher Darstellungskraft, die sich leider wesentlich auf Details erstreckt. Sein Werk ist ein enormes Mosaik solcher vorzüglicher Details. Er beherrscht ungewöhnlich die Sprache. Er verfügt über einen großen Umfang von Erfahrungen und über Lebenskenntnis. Die geringe Gradlinigkeit ist sein Mangel; er erinnert in diesem Punkt an den chaotischen blühenden Jean Paul. Sein Buch schien mir uferlos, aber es fesselte im einzelnen immer wieder. Der Mann ist etwas. Vielleicht läßt sich eisern auch dieses Buch zusammenpressen. Proben müssen unbedingt gedruckt werden."

Betzner hatte bis dahin nur ein Theaterstück veröffentlicht, die 1922 im Darmstädter Arkaden Verlag erschienene Komödie „Das Jugendheim". 1929 brachte der Baden-Badener Merlin Verlag dann tatsächlich das „Antäus"-Manuskript in einer überarbeiteten, vor allem – wie von Döblin angeregt – gekürzten Fassung heraus. Gewiss hatte ihn Betzner über die geplante Veröffentlichung informiert, vielleicht um ein Vor- oder Nachwort gebeten. Jedenfalls verfasste Döblin am 13. Juni 1929 einen mehrseitigen freundlichen Brief mit Anrede („Lieber Betzner") und Grußformel („mit schönem Gruß Ihnen, Ihrer Frau, dem Jüngsten"). Die Gelegenheit dieses Briefs nutzte Döblin, um seinen Ärger über das Auswahlverfahren los zu werden: „Bei diesem Wettbewerb und nach ihm zeigte sich, was die meisten Jungen und Unbekannten wollen, nämlich: bekannt werden, gedruckt werden, und weiter nichts, – jedenfalls nicht: noch etwas warten und lernen. Ich glaubte, junge Leute zu nennen, die man mit der Nennung ermuntert, – statt dessen stürzten sie auf die Verleger und die Verleger wohl auch auf sie, in den Armen lagen sich beide, für dritte war es kein reiner Genuß. Ich habe mir nach dieser Affäre geschworen, mich sehr vorzusehen in Zukunft bei der ‚Förderung der Jugend'. Denn diese Jugend ist mir zu geschäftstüchtig" *(Antäus, S. 262)*.

Von dem Urteil nahm er allein Betzner aus, „einen stillen, langsamen, horchenden, jungen Menschen". Allerdings lobte Döblin wie schon in seinem Votum das Manuskript nicht uneingeschränkt: „Ich möchte das Bild Antäus weniger auf Ihren Helden als auf Sie selbst beziehen. Sie selbst sind in diesem Buch, Ihrer Visitenkarte, Ihrem Debütantenspiel, Ihrem Probewerk, kräftig und muskulös, aber manchmal sind Sie in die Luft geschwungen und das ist nicht immer gesund. […] Es ist ein merkwürdiges, aber immer wieder fesselndes Mischgebilde von Autobiographie und Roman. Im ganzen das Buch, – das Erstlingsbuch eines jungen Menschen, der sich und die Literatur nicht leicht nimmt, im Gegenteil".

Einige biographische Daten zu Betzner: Drei Jahre vor Kriegsende hatte er die Saarbrücker Bildhauerin Änne Zenner geheiratet. Das Ehepaar lebte in Saarbrücken. Wenig später trennte sich Betzner von seiner Frau und lernte in Metz Helen Strempel kennen, die er später heiratete. Beide wurden nach Beutnitz evakuiert, einem Bergungsgebiet für die vom Krieg bedrohten Saarländer in der Nähe von Jena. Nach ihrer Rückkehr wohnten sie vorübergehend im Elternhaus Helens in Fechingen, 1945 zogen sie nach Baden-Baden.

Diese Angaben verdanke ich Katharina Welter-Strempel, der Schwägerin Betzners (21.9.2008).

Es ist anzunehmen, dass von Ende der 20er Jahre bis zu dem Brief vom April 1946 kein Kontakt zwischen Döblin und Betzner bestanden hat. In diesem Schreiben fragte Döblin Betzner nicht nur nach einem Beitrag, er erkundigte sich auch, ob ihn die Mitarbeit in der Redaktion interessiere, für die ein Honorar von „600 Mark monatl." in Aussicht gestellt wurde. Döblin wünschte sich, das hatte er an anderer Stelle formuliert, „einen Redakteur [...], der zusammen mit mir die Zeitschrift macht, deren Grundzüge, allgemeinen und besondern Plan ich schon festgelegt hatte" *(Briefe 1, S. 343)*. Anders als der ursprünglich favorisierte Arzt und Publizist Paul Lüth akzeptierte Betzner die von Döblin vorgegebene Arbeitsaufteilung *(Briefe 1, S. 342f)*. Betzner hatte zudem den Vorzug, durch seine Tätigkeit für die „Frankfurter Zeitung" über Kontakte zu Autoren zu verfügen, die während der Nazi-Diktatur in Deutschland geblieben waren. Denn hatte Döblin in der (unveröffentlicht gebliebenen) Nullnummer vor allem emigrierte Autoren als Beiträger vorgesehen, so kamen durch die Mitwirkung Betzners in dem schließlich erschienenen ersten Heft überwiegend Schriftsteller der sog. ‚Inneren Emigration' zu Wort *(Birkert, Tor, S. 231)*. Überraschend schnell, noch im April 1946, wurde Betzner als fester Redakteur eingestellt. Die nötige „Licence d'Édition" wurde am

29. Mai beantragt. „Zur Zeit", heißt es in einem Brief Döblins vom 6. Mai 1946 an Lüth, „habe ich Anton Betzner hier, den Sie vielleicht (oder auch nicht) aus Romanen, Reportagen (Frankfurter Zeitung) kennen; ich kannte ihn noch aus Berlin, wo ich auf seinen ersten Roman ‚Antäus' aufmerksam machte. Es ist viel Arbeit, da ich selbst ja auch viel amtliche Tätigkeit habe (nicht zu reden von meiner privaten, die ich doch auch nicht ganz einschlafen lassen will)" *(Briefe 1, S. 343)*.

Im Impressum der Zeitschrift bleibt Betzners redaktionelle Tätigkeit unerwähnt, in den Akten der französischen Behörden fungiert er neben Döblin als sog. „Rédacteur en Chef" *(Birkert, Tor, S. 231)*.

Wie Döblin hatte auch Betzner einen Antrag zur Person auszufüllen mit Angaben, die vor allem die NS-Zeit betrafen. Unter der Rubrik „Adhésion ou opposition au Parti (192.–1945)" antwortete er am 29. Mai 1946: „Nicht Mitglied der Partei oder einer Formation gewesen. Gegnerische Beiträge in der ‚Frankfurter Zeitung'. Die Romane: ‚Antäus' und ‚Die Geschundenen' wurden auf Befehl der Gestapo eingestampft". Auf die Frage nach zivilen oder militärischen Aktivitäten zwischen 1940 und 1945: „Freier Schriftsteller im Auftrag der ‚Frankfurter Zeitung'. Nach Verbot der Zeitung Arbeit und Lektorat für den Societäts-Verlag" *(Birkert, Tor, S. 232)*.

Nach seinen vergangenen oder gegenwärtigen literarischen Tätigkeiten befragt, zählte er auf: „Romane,
Novellen, viele Berichte und Essays in der ‚Frankfurter Zeitung‘, vor 1933 in der ‚Neuen Bücherschau‘,
ferner Hörspiele und Hörberichte". In die Spalte
„Productions antérieures" trug er kurz und knapp
ein: „Romane, Novellen, Berichte". Unerwähnt ließ
Betzner in dem Fragebogen seine beiden Buchver-
öffentlichungen zwischen 1933 und 1945, so das 1939
erschienene Reisejournal „Deutschherrenland – Ost-
preußenfahrten".

> *Das Buch zeige, so der Klappentext, „einen lebendigen Auf-
> riß durch den gegenwärtigen Daseinskampf der Provinz".*

Auch der 1942 erschienene (und 1948 in einer revi-
dierten Fassung erneut veröffentlichte) Roman „Basalt" fehlt in der Auflistung. Die erwähnten Hörspiele
und Hörberichte produzierte in der zweiten Hälfte
der 30er Jahre zum großen Teil der Reichssender
Saarbrücken.

> *„Nikolaus Herchheimer – Der Sieger von Oriskany – Ein pfäl-
> zischer Bauerngeneral" (1936); „Der Weg des Franz Brugger in
> die Fremde – Das Schicksal eines Pfälzer Auswanderers" (1937);
> „Grenzmark im Osten und Westen – Ruck-Zuck-Sendung mit
> Gleiwitz" (1937); „Vom Feldberg zum Wasgenstein – Auf
> Wegen der Nibelungen" (1937). Die Typoskripte sind in der
> Landeskdl. Abtlg. der Stadtbücherei Saarbrücken archiviert.*

Bis zum Sommer 1949 blieb Betzner Redakteur der Zeitschrift, dann wechselte er in die Literaturabteilung des Südwestfunks, wo er vom 1. August 1950 bis zum 31. März 1952 als fest angestellter Redakteur tätig war *(Auskunft der Personalverwaltung des SWR vom 30.1.2009)*. Danach kehrte Betzner ins Saarland zurück. Für Radio Saarbrücken war er in den folgenden Jahren als freier Autor tätig *(Personalakte des SR)*. Er schrieb eine Reihe von Funkmanuskripten, darunter immer wieder Sendungen über seinen einstigen Förderer. 1963, mit 68 Jahren, wurde Betzner Herausgeber der Frauenzeitschrift „Du selbst". Wenig später verließen er, seine Frau und die gemeinsame Tochter Antonia das Saarland und zogen nach Spanien. In Puerto de Mazarrón in der Nähe von Murcia starb Anton Betzner am 18. Februar 1976 *(Nachlaß LA)*.

Saarbrücken

Auch während seiner Baden-Badener Jahre ließ Betzner seine Beziehungen ins Saarland nicht abreißen. Als am 19. Mai 1947 in Saarbrücken in Anwesenheit des saarländischen Ministerpräsidenten Johannes Hoffmann, des französischen Militärgouverneurs Gilbert Grandval und weiterer

Persönlichkeiten der Saar-Verlag gegründet wurde, war aus Baden-Baden neben Betzner auch Döblin angereist, der bei dem Festakt aus seinen Werken las. In einem Artikel für die „Saarbrücker Zeitung" verwies Betzner zunächst auf die Bedeutung von Büchern im Allgemeinen („die meinen hat die Gestapo geholt"), sodann auf die erhoffte Vermittlerfunktion des neuen Verlags zwischen Frankreich und Deutschland *(„Gründung des Saar-Verlages", 22.5.1947)*.

Die Projekte des Verlags waren beeindruckend. Allerdings setzte der damalige saarl. Kultusminister Emil Straus, der an der Gründungsversammlung ebenfalls teilgenommen hatte, wenige Monate später die zur Veröffentlichung geplante mexikanische Novelle „Amimitl" des – wie Straus selbst – 1933 emigrierten Merziger Autors Gustav Regler auf den Index. Vgl. Ralph Schock: „Gustav Regler – Literatur und Politik (1933–1940)", Saarbrücker Beiträge zur Literaturwissenschaft Bd. 10, R.G. Fischer Verlag, Frankfurt/M. 1984, S. 619f.

Die Europa-Rede

Fünf Jahre später fand vom 29. Juni bis zum 7. Juli 1952 in der saarländischen Landeshauptstadt eine von Radio Saarbrücken veranstaltete „Woche des zeitgenössischen Kulturschaffens" statt. Der Schwerpunkt wurde dabei, „wie es bei einem Rundfunksender immer gegeben ist – der Musik eingeräumt", so die „Saarbrücker Zeitung" *(29.6.1952)*. Aus dem ganzen Land wurde eine Reihe von Konzerten, Serenadenabenden und Chorauffführungen übertragen. Höhepunkt der Woche war die sonntägliche Eröffnungsmatinee am 29. Juni. Eingeleitet von einer Ansprache des Programmdirektors von Radio Saarbrücken, Dr. Alexander Schum, der den Generaldirektor Frédéric Billmann vertrat, und umrahmt von einem Bläserkonzert des saarländischen Komponisten Heinrich Konietzny, erläuterte Betzner die Entwicklung des „Orest"-Themas von der Antike bis zur Gegenwart. Nach ihm sprachen Döblin und Jean-Bernard Schiff, ein aus dem französischen Exil an die Saar gekommener Emigrant, der bis 1956 die Literaturredaktion von Radio Saarbrücken leitete.

Über Döblins Ansprache *(S. 193ff)* heißt es in einem Bericht der „Saarbrücker Zeitung": „Wie sehr wir oft nicht an diese Vergangenheit gekettet sein möchten und wie schwach doch unser Fleisch gegenüber unserem willigen Geist ist, darauf hinzuweisen blieb Alfred Döblin vorbehalten, der – mit einem Enthusiasmus seiner Gesinnung – schonungslos die Wunden bloßlegte, an denen unsere abendländische Gegenwart krankt. ‚Europa, die Spatzen pfeifen es von den Dächern', alle sind wir uns einig, überall, daß der augenblickliche Zustand unmöglich ist, und doch siege wider unseres besseren Wissens, was uns nicht loslasse: unsere schlechte Vergangenheit. Sie stehle uns Gegenwart und Zukunft. Es war ein flammender Protest gegen die Verhärtungen unserer schlechten Vergangenheit, gegen die Gefahren einer Verewigung dieses erkannten Übels, der Döblin wieder zu dem alten Revolutionär werden ließ, der er immer im Grunde war. Zwar ein Revolutionär, der nicht niederreißt aus mephistophelischer Begierde, sondern ein Revolutionär, der eine neue Welt erbaut und eine bessere. Indem Döblin, mutig wie immer und mit ungebrochener Kraft seiner Persönlichkeit, die Jugend aufrief, sich zusammenzutun, um Europa zu bauen, erfuhr der Auftakt der Woche […] eine Richtungsangabe, die auf die notwendige Ausweitung des geistigen Schöpfertums auf Europa hinwies und zugleich auf die einzige Möglichkeit, unserer Gegenwart die Zukunft zu erschließen."

Karlkuno Seckelmann: „Radio Saarbrücken – ‚Zeitgenössisches Kulturschaffen' – Eröffnungsfeier mit Anton Betzner und Alfred Döblin", in: Saarbrücker Zeitung, 30.6.1952.

In einem mit dem Kürzel „wsp" gezeichneten weiteren Zeitungsbericht *(Volksstimme, 2.7.1952)* wird die zwischen Betzner und Döblin verabredete Lesung erwähnt: „Alfred Döblin schloß sich selbst mit einer Lesung der letzten Seiten aus seiner zeitgeschichtlichen Trilogie ‚November 1918' an. Der weißhaarige

Arzt und Dichter, der als Expressionist mit dem Roman ‚Berlin Alexanderplatz‘ berühmt wurde, 1933 emigrierte, 1940 von Frankreich weiterzog nach Amerika, 1945 als erster zurückkehrte und nun in wenigen Wochen schon 74 Jahre alt wird, er geriet in seinem Schlußwort ordentlich in Begeisterung. Er hat bewiesen, daß er immer frühzeitig die Situation erkannt hat, und es war gut, ihn nach Saarbrücken zu holen, um ihn die europäische Situation deuten zu lassen. […] ‚Die Spatzen‘, rief Döblin, ‚pfeifen Europa von den Dächern!‘ Es ist der einzige Ausweg, so untragbar und unser unwürdig ist der jetzige Zustand geworden. […] Kriege und Grenzen sollten nur noch in den Geschichtsbüchern stehen und doch zählt man sie immer noch zu den Gegebenheiten von heute.“

In den frühen 50er Jahren die Überwindung der Grenzen und ein geeintes Europa zu fordern; dies in einem Staat, der seine fragile Souveränität mit französischer Hilfe zuweilen äußerst brutal verteidigte, das war, wie die Saarbrücker Zeitung urteilte, tatsächlich mutig.

Aus intimer Nähe schildert Betzner in seinem Manuskript „Aus meinen Lebenserinnerungen – Freundschaft mit Alfred Döblin“ dessen Auftritt im Saarbrücker Rathaus: „Döblin war schon so krank, als wir bei der feierlichen Eröffnung […] im Rathausfestsaal nebeneinander saßen. Döblin sprach […] schlicht und ergreifend. Ich musste ihm mit dem Finger in seinem Manuskript die großgeschriebenen Zeilen weisen. Er war fast blind. […] Döblins Freude war groß, aber auch seine Resignation war groß. Mit dem Schichtbus, der die Hüttenarbeiter heimbrachte, fuhren wir nach Blieskastel. Es war bedrückend heiß. In meiner Wohnung über dem Bliestal und auf dem Weg zur Bahnstation Lautzkirchen unterhielten wir uns über Döblins Lage in der allgemeinen geistigen Situation. Er hatte sie für Literatur und Menschen scharf und richtig gesehen. Gerade das aber akzeptierten nur noch wenige. Man hatte die verleumderischen Methoden der niedergeworfenen Diktatur noch nicht aus der Übung verloren. Ich musste Döblin auf dem Weg führen. Er sah kaum noch. Hände und Füße waren ihm ertaubt. Er nahm, bei nach wie vor hellwachem, unbestechlichem Geist, seinen Zustand geduldig und gütig hin. Er wollte dies Stück Weg mit seiner Frau und mit uns, mit meiner Frau und ‚dem süßen Kleinchen' *(Betzners 1952 geb. Tochter Antonia)* zu Fuß zurücklegen" *(Ms: LA)*.

Die von Radio Saarbrücken direkt übertragene Veranstaltung wurde zwar mitgeschnitten und archiviert, erhalten sind allerdings nur die musikalischen Veranstaltungen der Kulturwoche. In den 50er und frühen 60er Jahren wurden viele Bänder wegen

Platzmangels entsorgt oder aus Etatgründen ge-
löscht und neu überspielt. Vielleicht war auch
Schlamperei im Spiel, denn es heißt in einem Manuskript Schiffs, die Bänder mit den Reden seien
„durch ein Versehen verloren" gegangen.

Hans Bernhard Schiff: „Anton Betzner im Saarland – Briefe,
die seinen Weg ins Saarland bezeichnen", Saarländischer
Rundfunk, 18.5.1976, S. 2.

In den 50er Jahren kehrte sich das Verhältnis zwischen Döblin und Betzner um, denn der Jüngere
setzte sich nun für den in Vergessenheit geratenen
Älteren ein. So bemühte sich Betzner monatelang,
den Roman „Hamlet oder Die lange Nacht nimmt
ein Ende" an den saarländischen Minerva Verlag
Thinnes & Nolte zu vermitteln *(Briefe v. 10.7., 23.8., 20.9.*
u. 22.10.1952). Er hat Döblins Neuerscheinungen oder
die wiederaufgelegten Bücher rezensiert, Gedenk-
artikel verfaßt und Beiträge allgemeiner Art über
ihn geschrieben.

Er rezensierte „Berlin Alexanderplatz" u. die ersten Bände der
Werkausgabe; daneben u.a.: „Für Alfred Döblin zum 10.
August 1953 – Zum 75. Geburtstag" (Radio Saarbrücken,
11.8.1953). „Anton Betzner spricht zum Tode von Alfred
Döblin" (bereits am 2.7.1957 produziert). „Fünfzehn Jahre
nach Döblins Tod". „Über Alfred Döblin". „Aus meinen
Lebenserinnerungen: Freundschaft mit Alfred Döblin".

Und er hat sich auch auf andere Weise immer wieder
für den befreundeten Autor und sein Werk eingesetzt.

So wandte er sich u.a. an Robert Minder, Walter Muschg und Hanns Wilhelm Eppelsheimer, den Direktor der Deutschen Bibliothek in Frankfurt a. M., mit der Bitte um Unterstützung bei einer geplanten Döblin-Werkausgabe sowie der Gründung einer Döblin-Gesellschaft *(LA)*. In diesem Band sind alle bislang bekannten siebzehn Briefe Döblins an Anton Betzner aus der Zeit nach 1945 abgedruckt. Kopien der Originale bzw. der Abschrift sowie der übrige literarische Nachlass Betzners liegen im Literaturarchiv Saar-Lor-Lux-Elsass in der Saarländischen Universitäts- und Landesbibliothek (Bestand BE-K-Map 102 I u. II). Dort wurde auch eine Bibliographie Betzners erstellt. Eine Kopie des Briefs vom 20. Oktober 1952 besitzt die Schwägerin Betzners, Frau Katharina Welter-Strempel (Schiffweiler).

Wolfgang Döblin

Die Umstände von Alfred Döblins Leben und dem seiner Familie erinnern an eine Tragödie. Jetzt nähern wir uns ihrem dunkelsten Kapitel. Es führt zunächst einen der Söhne, dann viele Jahre später den Vater und schließlich die Mutter unfreiwillig nach Lothringen zurück, und zwar auf einen kleinen Dorffriedhof am Westhang der Vogesen.

Der französische Schriftsteller und Literaturwissenschaftler Marc Petit zeichnet in seinem Buch „Die verlorene Gleichung – Auf den Spuren von Wolfgang und Alfred Döblin" auf fast 400 Seiten vor allem das kurze Leben des zweitgeborenen, mathematisch hochbegabten Sohns von Alfred Döblin bis zu seiner letzten Station in Lothringen nach. Er befragte für sein Buch dessen Brüder und alte Dorfbewohner, er sprach mit Menschen, die ihn kannten, er interviewte Historiker der Résistance und recherchierte in Militärarchiven. Er ließ sich von jenen wenigen Mathematikern, die Wolfgang Döblins Forschungen zu verstehen in der Lage sind, dessen Überlegungen erklären, und er beschreibt die Umstände der Rettung seines wissenschaftlichen Werks.

Eichborn Verlag, Frankfurt/M. 2005. Die Originalausgabe ist 2003 unter dem Titel „L'équation de Kolmogoroff" erschienen. Inzwischen liegen auch zwei Filme u. ein Hörbuch über Wolfgang Döblin vor: Jürgen Ellinghaus u. Hubert Ferry: „Der versiegelte Brief des Soldaten Döblin", Dokumentarfilm, Frankreich/Deutschland, ARTE/RBB 2006 (86 Min.). Agnes Handwerk u. Harrie Willems: „Wolfgang Doeblin – ein Mathematiker wird wiederentdeckt", DVD, Springer Verlag, Berlin 2007; Teil 1: Biographie (55 Min.), Teil 2: „Sur l'équation de Kolmogorov" (25 Min.). Jürgen Ellinghaus u. Aldo Gardini: „Die Irrfahrt des Soldaten Döblin", Radiofeature DRS (Schweiz); Hörbuch: Christoph Merian Verlag, Basel 2007 (58 Min.).

Und Marc Petit schildert schließlich so detailliert, wie es nach der Quellenlage möglich ist, Wolfgang Döblins Ende. In den folgenden Passagen stütze ich mich auf seine Recherchen.

Wolfgang Döblin, geboren in Berlin am 17. März 1915, nahm im Oktober 1933 an der Sorbonne sein in Zürich begonnenes Physik- und Mathematikstudium wieder auf, vor allem interessierte er sich für Wahrscheinlichkeitstheorien. 1936 wurde er eingebürgert, 1938 schloß er sein Studium bei Maurice Fréchet mit einer Promotion ab. Unmittelbar danach musste er einen zweijährigen Militärdienst antreten. Da er die Offizierslaufbahn ablehnte, blieb er einfacher Infanteriesoldat.

Nach dem deutschen Überfall auf Frankreich wurde sein Regiment nach Lothringen verlegt, aus dem Schützengraben schrieb er Briefe an seinen Doktorvater nach Paris, den letzten am 21. April 1940 *(Petit, S. 292)*.

Seine in ein Schulheft notierten mathematischen Berechnungen schickte er am 19. Februar 1940 in Form eines versiegelten Umschlags an die Pariser Akademie der Wissenschaften, wo er sie in Sicherheit wusste. Vermutlich hatte er gehofft, nach dem Krieg daran weiterarbeiten zu können. Auf einem an den Sekretär der Akademie adressierten einzelnen Blatt schrieb er: „Das beigefügte Manuskript wurde während der Einquartierung von November 1939 bis Februar 1940 verfaßt. Es ist keineswegs vollständig und seine äußere Aufmachung zeugt von den äußeren Bedingungen, unter denen es geschrieben wurde" *(Petit, S. 289)*.

Das seit dem 17. Jahrhundert in Frankreich bekannte Verfahren des „pli cacheté", eines an der Akademie hinterlegten verschlossenen Briefs, dient als Beweis des Urheberrechts bei nicht veröffentlichten wissenschaftlichen Werken und Entdeckungen. Nur vom Autor selbst darf das Dokument geöffnet werden oder, im Falle seines Todes, auf Antrag der Erben. Geschieht dies nicht, wird das Siegel hundert Jahre nach dem Tod des Einsenders von einer Kommission der Akademie aufgebrochen.

Die Einsendung, deren Eingang am 26. Februar 1940 unter der Nummer 11.668 registriert wurde, geriet nach dem Tod Wolfgang Döblins in Vergessenheit. Da er sie in einem Brief an seinen Doktorvater erwähnt hatte, stieß in den 1980er Jahren der Wissenschaftshistoriker Bernard Bru auf ihre Spur. Mit Einverständnis der Erben wurde der „pli" im Jahre 2000 geöffnet und von Mathematikern ausgewertet. Eine Fachzeitschrift urteilte, dass es sich um eines „der bemerkenswertesten mathematischen Manuskripte des letzten Jahrhunderts" handle: „Ein Meilenstein der stochastischen Analysis, der für die

Wolfgang Döblin (17.3.1915 – 21.6.1940)
(Foto DLM, etwa 1937)

„Beim Heranrollen der Nazihorden befiel ihn wohl dasselbe
Staunen, die dumpfe Beklemmung und die lähmende
Beängstigung, die über mich von Zeit zu Zeit fiel, gemischt
mit Ekel, in den Wochen der Flucht. Ein teuflisches, schon
nicht bloß physisches Verhängnis. Der Teufel machte sich un-
gehindert an uns heran, schon war uns das Ich genommen.
So ging es dir. Du sahst die Übermacht. Du fielst, du strecktest
die Waffen nicht vor jenen. Was magst du erlebt und erlitten
haben in diesen Tagen.“ (Schriften Leben, S. 351)

Entwicklungsgeschichte des Gebiets groteskerweise ohne Bedeutung blieb, da er 60 Jahre lang verborgen war".

Peter Imkeller u. Sylvie Rœlly: „Die Wiederentdeckung eines Mathematikers: Wolfgang Döblin", in: Mitteilungen der Deutschen Mathematikervereinigung, 15 (2007), S. 154-159. Die Autoren verdeutlichen Wolfgang Döblins Ansatz mithilfe einer Reihe mathematischer Gleichungen. Für Interessierte sei er folgendermaßen zusammengefaßt: „Döblin hatte […] zu seiner Beschreibung der trajektoriellen Lösung der Kolmogorov-Gleichung die Intervention des Itô'schen Integrals dadurch umgangen, dass er implizit einen erst sehr viel später geklärten Zusammenhang zwischen Martingalen und zeittransformierten Brownschen Bewegungen vorwegnahm" (S. 156).

Petit hat in seinem Buch detailliert das Chaos nachgezeichnet, das der Einmarsch der deutschen Truppen in Frankreich und die französische Kapitulation am 22. Juni 1940 bei Wolfgang Döblin und seinen Eltern auslösten, die, in den Wirren des Zusammenbruchs getrennt, keinen Kontakt zueinander aufnehmen konnten.

Wolfgang Döblin – oder Vincent Doblin, wie sein Name nach der Einbürgerung lautete – beging im Alter von fünfundzwanzig Jahren unmittelbar vor der Gefangennahme durch die Wehrmacht am 21. Juni 1940 in dem lothringischen Dorf Housseras Selbstmord.

Das 291. Regiment der französischen Armee erhielt

am 17. April 1940 den Befehl, die Grenze im Bogen der Blies zwischen Saargemünd und dem östlich davon gelegenen Dorf Bliesbrück zu sichern *(Petit, S. 292)*. Bereits zwei Tage später wird Wolfgang Döblin in Order Nr. 20 des Regimentstagebuchs ehrenvoll erwähnt, die Urkunde nennt seinen deutschen Vornamen: „Der Soldat Doblin Wolfgang, Funker der C.A. B3, tapferer und ergebener Soldat, immer bereit, die gefährlichsten Posten zu besetzen, hat innerhalb des Bataillons bei Tag und bei Nacht die Verbindung gesichert, indem er unter feindlichem Artilleriefeuer die Verbindungen repariert hat" *(Petit, S. 295)*. Für seine „heldenhafte Verteidigung mit der Waffe am 16., 17. und 18. Juni in der Umgebung von Bénestroff" wurden ihm posthum am 21. November 1946 die „Croix de guerre avec palme bronze" und am 11. Februar 1948 die „Médaille du mérite" verliehen *(Petit, S. 340)*.

Am 14. Juni war es den französischen Truppen zum letzten Mal gelungen, einen deutschen Angriff zwischen Saargemünd und St. Avold abzuwehren; vier Tage später wurden die lothringischen Verbände überrollt. Nur etwa dreißig Soldaten aus Wolfgang Döblins Kompanie hatten die schweren Kämpfe der Vortage überlebt *(Petit, S. 300)*. Am 20. Juni, einen Tag vor ihrer Gefangennahme, erreichten sie den zwischen Rambervillers und Raon-l'Étape gelegenen Paß von Chipotte. An diesem Abend setzte sich Wolfgang Döblin von seiner fast völlig aufgeriebenen Einheit ab. Dass er bereits zu diesem Zeitpunkt entschlossen gewesen sei, seinem Leben ein Ende zu setzen, bezweifelt Petit; vielmehr habe er wohl gehofft, irgendwo untertauchen zu können *(Petit, S. 305)*.

Der Weiler Housseras liegt etwa zehn Kilometer südwestlich des Chipotte-Passes, der Hof des Bauern Triboulot ist eines der ersten Häuser am Dorfrand. Am Morgen des 21. Juni wurde es von der Wehrmacht besetzt. Wolfgang Döblin „konnte von der Scheune aus das Dröhnen der Motorräder hören, die die Straße von Rambervillers heraufkamen und bis zum anderen Ende des Dorfes fuhren. Seelenruhig verließ er sein Versteck und betrat durch die Tür neben der Scheunentür die Küche der Familie Triboulot. Im Herd war Feuer angezündet. Schweigend verbrannte er alle seine Papiere – Ausweis, Wehrpaß, vielleicht ein oder zwei Briefe der Familie, alle Dokumente, die seinen Feinden geholfen hätten, seine Spur zu finden. Man weiß nicht, ob sich unter den Blättern, die er ins Feuer warf, auch die Entwürfe seiner letzten mathematischen Arbeiten befunden haben." *(Petit, S. 308)*.

Danach kehrte Wolfgang Döblin in die Scheune zurück, um sich zu erschießen. „In Ermangelung eines Leichentuchs wird er in eine Decke gewickelt. Sein Soldatenmantel verhüllt sein entstelltes Gesicht."

Petit führt eine Reihe von Argumenten an, um den Freitod-Entschluß nachvollziehbar zu machen: „Ein gebürtiger Deutscher und Jude, der nach Frankreich geflüchtet und zudem politisch engagiert war, besaß alle erdenklichen Gründe, um sein Leben zu fürchten. [...] Die französische Staatsbürgerschaft war seit dem 14. Juni, die Verfügungen des Waffenstillstandsabkommens vom 22. Juni vorwegnehmend, demzufolge Bürger deutscher Herkunft ans Reich ausgeliefert wurden [...], kein Schutz mehr vor der Willkür der Polizei." *(Petit, S. 298f)*. Am Nachmittag des gleichen Tages wurde Wolfgang Döblin zusammen mit anderen während der letzten Kämpfe getöteten französischen und deutschen Soldaten neben der Apsis der Kirche in einer hastig ausgehobenen Grube beigesetzt. Man beerdigte ihn zunächst als unbekannten Soldaten. Am 30. Dezember 1940 stellte der Bürgermeister des Dorfes eine entsprechende Sterbeurkunde aus *(„Nr. 13, Tod eines unbekannten Soldaten", Petit, S. 6)*. Am 19. April 1944 hat man den Leichnam Wolfgang Döblins exhumiert, aufgrund seiner Brille und eines Armbands wurde er identifiziert und erneut bestattet *(Petit, S. 330)*. Knapp fünf Jahre nach seinem Tod, am

20. März 1945, erhielten die Eltern im amerikanischen Exil die Nachricht, dass ihr Sohn gefallen sei. Erst bei einem Besuch in Housseras, acht Monate später, erfuhr Erna Döblin die wahren Umstände. Weil ihr Sohn unmittelbar neben Wehrmachtssoldaten beigesetzt worden war, erwog sie eine Umbettung nach Paris, die aus finanziellen Gründen allerdings unterblieb *(Petit, S. 336ff)*.

Seinem „Journal 1952/53" vertraute Alfred Döblin an, was ein entsprechender Brief Ernas mit all diesen unbekannten Details bei ihm auslöste: „Sie schrieb, sie habe sein Grab, sein armes ungepflegtes Grab, das kahle nackte Grab gefunden. Dort oben, dort hinten, lag er auf einem Dorffriedhof, zwischen Gräbern, die den Stahlhelm mit Hakenkreuz trugen" *(Schriften Leben, S. 350)*. Die Antwort an seine Frau war von Selbstanklagen durchzogen: „und dann wird er in eine so grausige Situation getrieben – und weiß sich keinen Rat, muß mit allem ein Ende machen – es ist unvorstellbar, der Gedanke ist zerreißend und fürchterlich – und keiner da, der ihm hilft und beisteht. Der Gedanke, nicht den Nazis in die Hände zu fallen, war ja fest in ihm; wenn er doch nicht so fest gewesen wäre, – vielleicht hätte er noch die Möglichkeit zur Flucht gehabt. Warum diesem Jungen solch Ende, und er hat noch alles vor sich und steht in Blüte, und ich altes Geschöpf lebe,

und das muß auf uns fallen. Man muß leben bleiben, um so geschlagen zu werden. – In den letzten
Jahren näherte er sich mir langsam, er hing ja
eigentlich nur an Dir, aber ging mir nicht mehr so
wie früher aus dem Weg, und ich hoffte, wir werden
noch ganz gut werden; und hoffte immer während
des Krieges, er möchte noch am Leben sein, damit
zwischen uns alles gut würde, – nein."

Dass Wolfgang Döblin durch eigene Hand umkam,
wurde in der Familie verschwiegen; solange die
Eltern lebten, blieb die Version, der zufolge er „mit
der Waffe in der Hand im Kampf starb, [...] die
einzig offiziell anerkannte" *(Petit, S. 338f)*. Einer der
Gründe für das Verschweigen des Suizids dürfte die
Befürchtung der Eltern gewesen sein, dass bei Be-
kanntwerden der wahren Todesumstände dem Sohn
die militärischen Ehrungen aberkannt werden
könnten. Es war wohl vor allem Erna Döblin, die
darüber wachte, dass die Wahrheit nicht ausgespro-
chen wurde, und die bis zu ihrem Tod „eine Art
Kult" um Wolfgang betrieb. Alfred Döblin habe bis
zuletzt darunter gelitten, „seiner Frau und sicherlich
auch seinen Kindern zuliebe wieder einmal die
Wahrheit verzerren zu müssen". Der Tod des Sohnes habe für Alfred Döblin, schreibt Petit, große
symbolische Bedeutung besessen, weil dadurch „die
endgültige Adoption der Familie" durch den fran-

zösischen Staat besiegelt worden sei *(Petit, S. 340f)*. Nach Auskunft des jüngsten Sohnes hat Erna Döblin die Selbstvorwürfe, die sich ihr Mann machte, noch verstärkt: „Meine Mutter weinte immerzu, ‚mein Junge, mein Junge, mein Junge …‘, und Mutter bestrafte Vater hart, indem sie dafür sorgte, dass er sich verantwortlich fühlte. Mutter ging sehr oft nach Housseras, immer ohne Vater, wodurch sie Vater darin bestärkte, sich schuldig zu fühlen, er, der seinen Sohn nicht verstanden hatte, und wenn er es nur getan hätte, dann wäre er nicht dort, wo er ist.“

„Er strebte immer nach Verbesserung – Gespräch mit Stephan Döblin“, in: Neue Rundschau, Heft 1/2009, S. 156.

Seinem „Tagebuch 1945/1946“ hatte Döblin unter dem 13. Dezember 1945 anvertraut: „der arme arme Wolfer schwebt mir vor; ich war früher so hart gegen ihn; ich höre noch, wie er einmal als Kind sagte: ‚Papa haßt mich furchtbar‘“ *(Schriften Leben, S. 260)*.

Alfred Döblins Ende

Wir werden bald nach Housseras zurückkehren; zuvor noch einmal einen Blick zurück auf den Vater. Alfred Döblins letzter großer Auftritt war seine Rede im Saarbrücker Rathaus am 29. Juni

1952. Drei Monate später, am 20. September, erlitt er einen Herzinfarkt. Am 28. April 1953 kündigte er in einem Brief an den Bundespräsidenten Theodor Heuss seine erneute Rückkehr nach Paris an. Hans Ulbricht, Sekretär der Mainzer Akademie der Wissenschaften und der Literatur, war Augenzeuge der Abfahrt einen Tag später: „Auf einer Bahre brachten ihn zwei blaubeschürzte Bedienstete des Zentralhotels auf den Bahnsteig. Dort saß er … zusammengekauert, eine Decke auf die Beine gebreitet, auf einem wackeligen Stuhl – nahe der Geleise – im nur gespenstig erhellten Bahnhofsdunkel und in kalter rauchiger Zugluft [...], verraten und verkauft, jedenfalls vereinsamt und verbittert, krank und müde, wenngleich sehr wachen Geistes. Mein Ohr zu seinem Mund geneigt (der alte Mann war erkältet, heiser und hustete) hörte ich ihn sagen: ‚Das ist der Abschied‘.“

Zit. in: Gabriel Richter: „Alfred Döblin – ‚Man kennt sich allmählich gründlich und möchte umziehen‘“, in: Deutsches Ärzteblatt, Jg. 104, Heft 25, 22.6.2007, S. A 1812.

Mit der Abfindung nach seiner Entlassung aus dem Militär und einer Zahlung vom Berliner Entschädigungsamt hatte sich das Ehepaar eine kleine Wohnung am Boulevard de Grenelle gekauft. „Ich lebe“, schrieb Alfred Döblin am 5. Februar 1954 an Robert Minder, „in diesem Paris, dans la plus grande solitude et la plus stricte isolation. Bei mir zu Hause spricht man nicht oder kaum, und ich sitze vor meinem hohen Bücherregal, an das ich nicht heran kann, und nur Papier" *(Minder, Beitrag)*. Wann Alfred Döblin den Entschluß faßte, Housseras zu seiner letzten Ruhestätte zu bestimmen, ist ungewiß. Vielleicht geschah es bereits 1945. Belegt ist, dass er bei einem Besuch Minders Ende Dezember 1956 diesen Wunsch äußerte *(Huguet, S. 190)*.

Hier ist nicht der Ort, die Symptome des körperlichen Verfalls von Alfred Döblin nachzuzeichnen; die psychische und materielle Not der letzten Lebensjahre, das Hin und Her zwischen Paris und Freiburg, die zahlreichen Aufenthalte in Krankenhäusern, Sanatorien und Pflegeheimen.

> *Allerdings scheint Erna Döblin – lt. Minder, Beitrag – die finanziellen Probleme oft drastischer geschildert zu haben, als sie tatsächlich waren.*

Die letzte Station war die psychiatrische Heil- und Pflegeanstalt in Emmendingen, wohin Döblin am 1. Juni gebracht worden war. Dort starb er am 26. Juni 1957.

> *Verbunden mit Angriffen gegen die Heime, in denen D. untergebracht war, schildert Klaus Jeziorkowski (FAZ v. 9.1.1971) die letzte Lebensphase („Nicht goldene noch eherne Worte"). Der Arzt Wilhelm Janssen korrigierte den Bericht mit einem am 30.1.1971 abgedr. Leserbrief („Wie Döblin starb").*

Housseras I

Bereits achtundvierzig Stunden später – siebzehn Jahre und sieben Tage nach dem Tod seines Sohnes Wolfgang – wurde Alfred Döblin an dessen Seite beigesetzt. Nur Erna und der jüngste Sohn Stephan nahmen an der Beerdigung teil, denn die Heimleitung hatte die Todesnachricht auf Bitten von Erna Döblin zurückgehalten *(Richter, Deutsches Ärzteblatt, S. A 1813)*. Am 22. Juli 1957 schrieb Erna Döblin an Theodor Heuss: „Beim Hinscheiden meines Mannes habe ich keine Trauerbriefe verschickt, den Ärzten Schweigepflicht auferlegt, um in aller Stille mit meinem Sohn unseren lieben Vater in das kleine französische Dorf zu bringen." *(Huguet, S. 192)*. Noch ein halbes Jahrhundert später ist Stephan Döblin von der Erinnerung an die Umstände der Beisetzung tief bewegt, wie aus einem Gespräch vom November 2008 mit Christina Althen, der Editorin der Döblin-Werkausgabe, hervorgeht:

„Die Beerdigung in Housseras war sehr traurig, eine furchtbare Sache …

Es war kein Priester da – (Die Fragen sind kursiviert)

kein Priester, niemand. Ich musste dem Fahrer des Wagens dabei helfen, die Riemen anzubringen und den Sarg in den Boden zu senken. Da war niemand.

Nur Ihre Mutter und Sie?

Alle anderen kamen später. Claude kam am Tag nach der Beerdigung, weil er es nicht rechtzeitig schaffte und Mutter nicht auf ihn warten wollte. Ich sagte, sollen wir nicht warten, bis Claude hier ist? Sie traf Claude in Épinal, 15 km entfernt, sie gingen am Tag darauf zum Friedhof. […] Es war schrecklich, die ganze Sache war traumatisch.

Es gab auch kein Requiem in Emmendingen oder in Housseras?

Nein, nicht, unglaublich. Ich weiß nicht, wer Schuld hatte. Aber sicher war es hauptsächlich meine Mutter, sie wollte nicht, dass irgendetwas organisiert wurde. – ,Dieser Mann ist die ganze Zeit über ignoriert worden; er wird auch in seinem Tod ignoriert werden.' Sie hakte es einfach ab. Ich weiß, dass es sie tief im Inneren getröstet hätte, hätte sie dies richtig gemacht. Weil sie es so vorantrieb, alles sehr schnell erledigte, und niemand etwas erfuhr, waren wir am Ende vollkommen einsam."

„*Er strebte immer nach Verbesserung – Gespräch mit Stephan Döblin*", in: Neue Rundschau, Heft 1/2009, S. 141ff.

Erna Döblin

Nach dem Tod Alfred Döblins stellte sich heraus, dass die gesetzliche Grundlage der Ehe ohne Wissen der Ehepartner die Gütertrennung war. Das hatte zur Folge, dass Erna Döblin plötzlich keinen Zugriff mehr auf Konten und Besitz ihres Mannes hatte, da die Erbberechtigten die drei Söhne waren. In mehreren verzweifelten Briefen, unter anderem an Robert Minder und Anton Betzner, schilderte Erna Döblin die sich daraus ergebenden Schwierigkeiten; Probleme, die zu ihrem Selbstmordentschluß beigetragen haben dürften.

Vier an Betzner gerichtete Briefe aus dieser Zeit sind überliefert: vom 8. August 1957, geschrieben in Housseras („Für wenige Tage bin ich hier"), vom 21. August, vom 6. September (vermutlich der letzte Brief) sowie ein undatierter Brief, verfaßt wohl einige Tage zuvor. Darin heißt es: „Meine grässlichen Kämpfe um Testament meines Mannes sind zwar nicht beendet, haben aber durch einen deutschen Juristen [...] eine wesentliche Besserung erfahren. Es steht einwandfrei fest, dass ich das Recht habe, Verträge abzuschließen und die deutschen Honorare einzukassieren. – Der Kampf geht jetzt nur um unsere franz. Ersparnisse."

Doch die Hoffnung zerschlug sich, im letzten Brief an Betzner heißt es: „Ich lebe ja in einer schauerlichen Atmosphäre. Nicht nur jeder Geldanspruch ist mir z. Zt. blockiert, nein, auch das Recht irgendwelche Verträge abzuschliessen. Vielleicht erfolgt bald eine Aufhellung, denn lange kann ich so – vor allen Dingen moralisch – nicht weiter existieren. […] Unsere 3 noch lebenden Söhne möchten jeder jedes haben. Oft bin ich im Begriff zu enden, dann bete ich wieder, lese meines Mannes Briefe.

Lange kann ich nicht mehr. Ich glaube auch, dass Gott allmächtig, allwissend und auch alles-verzeihend ist, – und wenn mir Menschen und auch die Kirche nicht vergeben – – Gott wird mir vergeben. Aber eine kleine Weile will ich ja noch kämpfen" *(LA)*.

Im Nachhinein liest sich diese Passage wie eine kaum verschlüsselte Ankündigung ihrer Tat.

Acht Tage später, in der Nacht vom 14. zum 15. September, öffnete sie in der Küche den Gashahn. Zwei Tage später wunderte sich die Concierge, dass Erna Döblin die Post nicht abholte. Man fand ihre Wohnungstür verriegelt, bemerkte Gasgeruch. Die Polizei wurde verständigt *(Huguet, S. 194)*.

Zwei Wochen später, am 28. September 1957, fand auch Erna Döblin in Housseras ihre letzte Ruhe. Dass sie an der Seite ihres Sohnes beigesetzt werden wollte, hatte sie bereits im März 1949 schriftlich verfügt *(Petit, S. 349)*.

Housseras II

„Natürlich gibt es in Housseras keine Touristen", stellte Marcel Reich-Ranicki bei einem Besuch fest. „Das Dorf liegt ja auch ungünstig: Wie immer man diese Gegend durchkreuzt, ob von Straßburg nach Nancy oder von Kolmar nach Épinal – über Housseras kommt man nicht. Ja, wenn man die kleine Stadt Rambervillers besucht, dann ist man schon ganz in der Nähe. Doch Rambervillers, obwohl keineswegs reizlos, wird im Michelin nicht einmal erwähnt. Also keine Chancen für Housseras".

Marcel Reich-Ranicki: „Ein Heldenvater", in: Sieben Wegbe-
reiter – Schriftsteller des Zwanzigsten Jahrhunderts, Deutsche
Verlags Anstalt, Stuttgart/München 2002, S. 121. Auch der
Saarbrücker Journalist Hans Emmerling hat über Alfred u.
Wolfgang Döblin geschrieben: „Ein Döblin-Platz – Am Rande
der Vogesen", in: In einem nahen Land – Lothringen – Skiz-
zen und Notizen, Conte Verlag, Saarbrücken 2009, S. 7ff. Der
Autor macht darauf aufmerksam, dass in dem nur etwa 10
Kilometer entfernten Dorf Padoux an jenem 21.6.1940 Jean-
Paul Sartre in deutsche Kriegsgefangenschaft geriet („3 Uhr
in Padoux" heißt ein Kapitel in: „Der Pfahl im Fleische",
Rowohlt Verlag, Reinbek 1963, S. 71ff).

Dabei lohnte eine Reise in das kleine Dorf an den westlichen Vogesenausläufern durchaus: nicht nur wegen der schönen Landschaft, auch wegen des auf einer kleinen Anhöhe gelegenen Friedhofs mit dem Grab eines Schriftstellers, der zu den bedeutendsten

Das Grab von Alfred, Wolfgang und Erna Döblin

in Housseras

(ars)

Autoren des 20. Jahrhunderts zählt. An der Eingangsmauer neben der zum Friedhof führenden Treppe, unübersehbar von der Straße, brachte die Gemeinde im Herbst 1999 eine rote Marmorplatte an mit der Inschrift ALFRED DÖBLIN / MÉDECIN ET HOMME DE LETTRES / 1878 – 1957 / REPOSE ICI AVEC SON ÉPOUSE AUPRÈS DE / LEURS FILS VINCENT / MORT POUR LA FRANCE. Gegenüber eine Gedenkstele für die Gefallenen des Zweiten Weltkriegs aus dem Ort, der zuletzt aufgeführte Soldat ist MIL. DOBLIN VINCENT.

Gedacht wird auch der amerikanischen Soldaten, die bei der Befreiung von Housseras am 25.10.1944 gefallen sind.

Das Grab der Döblins liegt im hinteren linken Teil des Friedhofs an der oberen Begrenzungsmauer, unmittelbar neben der im 19. Jahrhundert erbauten Kirche Saint-Pient, „aufwendiger und dennoch einfacher als die anderen Gräber, [...] ein Fremdkörper", so Marcel Reich-Ranicki *(Heldenvater, S. 121)*. Auf drei Seiten ist es von einer immergrünen Eibenhecke eingefasst. Die polierten Marmorplatten über den Gräbern bilden ein Triptychon. In der Mitte, deutlich erhöht, das von Wolfgang Döblin. Auf einer Steintafel zwei gekreuzte Trikoloren, darunter: VINCENT DOBLIN / 291 ème R.I. / NÉ LE 17 MARS 1915/ MORT POUR LA FRANCE / A HOUSSERAS (VOS-

GES) / LE 21 JUIN 1940. Auf dem vorderen, dem Betrachter zugewandten Teil des Sockels ist diese Inschrift noch einmal eingraviert, allerdings mit einem falschen Geburtsdatum („Né le 7 mars 1915"). Links das Grab von Alfred Döblin, auf der Marmorplatte in goldfarben ausgemalten Lettern: FIAT / VOLUNTAS TUA / ALFRED DOBLIN / NÉ LE 10 AOUT 1878 / MORT LE 26 JUIN 1957.

Ursprünglich hatte D. – lt. Huguet, S. 194 – die Inschrift „Domine, non sum dignus" erwogen [„Herr, ich bin unwürdig"].

„Hier ist jemand", so kommentierte Klaus Müller-Salget die Zeile „Dein Wille geschehe", „bewußt, demütig und stolz ins Anonyme zurückgekehrt, nicht der Herr Dr. Döblin (als welcher er fast alle seine Briefe unterzeichnete) und nicht der visionäre Epiker, sondern der leidende Mensch Alfred Döblin, der noch mit seinem letzten Wort der Tragödie seines Lebens den Stachel zu nehmen suchte".

Klaus Müller-Salget: „Das Grab von Housseras", in: Neue Deutsche Hefte, Heft 2/1972, S. 81.

Auf der rechten Seite das Grab der Mutter: DONA / NOBIS PACEM / ERNA CHARLOTTE / DOBLIN NÉE REISS / LE 13 FÉVRIER 1889 / DÉCÉDÉE / LE 15 SEPTEMBRE 1957. Neben dem großen Scheunentor des Triboulot'schen Bauernhofs ist eine kleine

„Wo wird einst des Wandermüden
Letzte Ruhestätte sein?"
(Heinrich Heine)
(Foto Ute Werner)

marmorne Gedenktafel angebracht mit der Inschrift: ICI/ EST MORT À 25 ANS / LE 21 JUIN 1940
/ VINCENT DÖBLIN / MATHÉMATICIEN DE GÉNIE.
Zwar waren die Überreste der Wehrmachtssoldaten
auf Betreiben Erna Döblins an einer anderen Stelle
des Friedhofs beigesetzt worden, doch sei damals –
so Gabriel Simon, der Lehrer von Housseras – einer
von ihnen nicht gefunden worden. „So teilen der
Dichter, der Deutschland enttäuscht den Rücken
wandte, der auch deshalb in Housseras begraben
sein wollte, weil er in Deutschland eine Grabschän-
dung befürchtete, und sein Sohn […] ihre letzte
Ruhestätte […] mit einem unbekannten deutschen
Soldaten, einem vielleicht ebenso unschuldigen
Opfer nationalsozialistischen Eroberungswahns."
(Müller-Salget, Grab, S. 85).

In verzweifelten Briefen seiner letzten Jahre hatte
Alfred Döblin mehrfach die Eingangszeilen des bekannten Gedichts von Heine zitiert, das auch auf
seinem Grab in Paris zu lesen ist: „Wo wird einst des
Wandermüden / Letzte Ruhestätte sein".

Etwa in dem Brief vom 17.4.1957 an den Sohn Klaus. Er fährt
– unkorrekt erinnernd – fort: „in den Alpen, in dem Süden – ?".

Damals wusste Döblin bereits, dass er seine letzte
Ruhe weder unter südlichen Palmen noch unter
rheinischen Linden finden würde, sondern in einem

abgelegenen Vogesendorf an der Seite seines Sohnes, weit entfernt von der geliebten Metropole Berlin. Es mag ihn dabei – wie Heine – die Hoffnung begleitet haben, dass die Sterne als Totenlampen auch dort über ihm leuchten würden. Im Unterschied zu Heine wird er wohl tatsächlich an „Gottes Himmel" geglaubt haben; Heine, der agnostische Ironiker, hatte seinerseits bloß vom „Gotteshimmel" gesprochen.

Diese Familie, so Marc Petit, trage „eine Bürde, die nicht nur von den schweren Zeiten im Exil, der Trauer und der Undankbarkeit der Menschen herrührt. Ein Bruch durchzieht alles wie ein unerträgliches Geheimnis oder wie alte Geschichten, die man nie ans Licht bringen will oder kann." *(Petit, S. 40)*.

Keine Heimkehr

Alfred Döblin ist nicht ‚heimgekehrt'. Und sein Werk? Zu befürchten ist, dass der skeptische Befund von Günter Grass über seinen „Lehrer Döblin", aufgeschrieben aus Anlass des zehnten Todestags, noch heute gültig ist: „Der progressiven Linken war er zu katholisch, den Katholiken zu anarchistisch, den Moralisten versagte er handfeste Thesen, fürs

Nachtprogramm zu unelegant, war er dem Schulfunk zu vulgär; [...] der Wert Döblin wurde und wird nicht notiert." *(„Über meinen Lehrer Döblin", in: Althen, Döblin, S. 15)*.

Es scheint – um das Bild aufzugreifen –, dass die Aktie immer noch nicht gehandelt wird. In Schulbüchern sind kaum Texte von ihm zu finden, selbst literarisch Interessierte kennen meist nur den Roman „Berlin Alexanderplatz". Rezipiert wird das Werk hingegen von zeitgenössischen Autoren. Ein Indiz dafür ist das Döblin-Sonderheft der Neuen Rundschau *(Nr. 1/2009)*. Auch im öffentlichen Bewusstsein ist Alfred Döblin kaum verankert. Weder an der Universität Freiburg noch an der Villa Stephanie in Baden-Baden, seinen langjährigen Wirkungsstätten, gibt es Hinweise. An seinem Wohnhaus in der Baden-Badener Schwarzwaldstrasse findet sich lediglich eine privat angebrachte Plakette. Eine Gedenktafel an seinem Wohnhaus am Berliner Kaiserdamm 28 ist seit langem verschwunden, ein kleiner nach ihm benannter Platz in Berlin so verwahrlost, dass es auf Seiten der Familie Überlegungen gibt, den Namen zurückzuziehen.

Das jüngste Beispiel kommt aus seiner Wahlheimat Frankreich. Dort ist er, obwohl französischer Citoyen, offenbar bis heute umstritten. Denn als kürzlich das neue Medienzentrum Saargemünds nach ihm benannt werden sollte, war dies in den zuständigen politischen Gremien nicht mehrheitsfähig. Offenbar aus dem gleichen Grund waren Saargemünder Bürger einige Jahre zuvor mit dem Vorschlag gescheitert, eine Straße nach ihm zu benennen.

Auskunft von Marthe Montezuma vom 20.7.2009, deren Familie auf dem Marktplatz von Saargemünd ein Lampengeschäft betrieb, das D. 1915/16 oft aufsuchte, um durch die Schaufensterscheibe Passanten zu beobachten.

Döblin war sich bewusst, dass gute Literatur selten für Massenauflagen taugt. „Mein Opus kann warten", schrieb er am 11. März 1952 an Anton Betzner, „wollen sehen, wer länger durchhält, die von heute und von vorgestern oder ich bezw. das, was ich vertrete." Anlass zur Hoffnung gibt die im Jahre 2008 erfolgte Rückkehr des Werks vom Walter Verlag, wo es ein Außenseiterdasein fristete, zu Döblins altem Verlag, dem traditionsreichen S. Fischer in Frankfurt. Dessen zukünftige Editionen werden zeigen, in welchem Maße man sich dort um einen der bedeutendsten deutschsprachigen Autoren zu kümmern bereit ist.

Die Theologin und Schriftstellerin Dorothee Sölle besuchte Anfang der 70er Jahre das kleine Dorf in den Vogesen. Danach schrieb sie ein in dem Band „Die Revolutionäre Geduld" *(Verlag Wolfgang Fietkau, Berlin 1974, S. 25)* abgedrucktes Gedicht:

Friedhof in housseras
(alfred döblins grab)

Am alex die dampframme
und den blauen fluß der indianer
hier hörst du den jauchewagen rumpeln
gekocht wird mit holz hier

Begraben in den vogesen
nicht deutscher nicht jude
von der nation der kinder
und irren

Hier starb der sohn ,pour la france'
und der vater die mutter pour quoi
die welt ist von eisen
da kann man nix machen

Schleifen und wächserne blumen
der schöne plunder der bäuerinnen
die hilflosen mutigen gräber
in der kirche knistert ein ofen
an der mauer schreien die kinder
der blaue rauch geht gerade
zu spät für kain

Zu spät für abel
vom dichter nichts neues
fiat voluntas tua
schien ihm das höchst
erreichbare

Gern
würd ich ihn danach fragen
später

Zur Edition

Ausgewählt wurden für den ersten Teil Passagen aus 31 Briefen und Postkarten aus den beiden 1970 und 2001 erschienenen Briefbänden Alfred Döblins, in denen er auf Saargemünd, Saarbrücken, das Kriegsgeschehen oder Menschen aus der Region zu sprechen kommt, bzw. Abschnitte, in denen er über seine persönliche Situation schreibt. Im zweiten Teil sind die siebzehn überlieferten Briefe an Anton Betzner von 1946 bis 1953 ungekürzt abgedruckt.

Der Text der Erzählung „Das Gespenst vom Ritthof" folgt dem Erstdruck in der Zeitschrift „Der Sturm", der Text von „Das verwerfliche Schwein" der Fassung in dem von Christina Althen herausgegebenen Band „Die Ermordung einer Butterblume – Sämtliche Erzählungen" (Walter Verlag, Zürich/Düsseldorf 2001, S. 307ff). Die Europa-Rede ist veröffentlicht in dem von Alexandra Birkert herausgegebenen Band „Kritik der Zeit – Rundfunkbeiträge 1946–1952" (Walter Verlag, Olten/Freiburg 1992, S. 318ff).

Editorische Angaben von Heinz Graber (Briefe 1) und Helmut F. Pfanner (Briefe 2) wurden dankbar übernommen und ergänzt. Unterschiedliche Hervorhebungen Döblins in den Texten wurden durch

Kursivdruck vereinheitlicht. Eckige Klammern markieren Auslassungen durch den Herausgeber, runde Klammern oder drei Punkte wurden aus den Quellen übernommen.

Stilistische und orthographische Eigenheiten Döblins wurden ebenso beibehalten wie seine gelegentlich eigenwillige Interpunktion. Offensichtliche Schreib- oder Druckfehler wurden stillschweigend korrigiert. Eine gewisse orthographische Uneinheitlichkeit des Bandes entstand dadurch, daß die Anmerkungen im Briefteil sowie das Nachwort der reformierten Rechtschreibung folgen.

Literatur- und Abkürzungsverzeichnis

Althen, Böhmen:
Alfred Döblin: „Die Lobensteiner reisen nach Böhmen – Zwölf Novellen und Geschichten", hg. von Christina Althen, dtv, München 2006.

Althen, Döblin, 2006:
Christina Althen (Hg.) : „Alfred Döblin – Leben und Werk in Erzählungen und Selbstzeugnissen", mit einem Essay von Günter Grass, Verlag Artemis & Winkler, Düsseldorf 2006.

Althen, Butterblume:
Alfred Döblin: „Die Ermordung einer Butterblume – Sämtliche Erzählungen", hg. von Christina Althen, Walter Verlag, Zürich/Düsseldorf 2001.

Arnold, Döblin:
Armin Arnold: „Alfred Döblin – Köpfe des 20. Jahrhunderts", Morgenbuch Verlag, Berlin 1996.

Berlin Alexanderplatz:
Alfred Döblin: „Berlin Alexanderplatz", hg. von Werner Stauffacher, dtv, München 2001.

Birkert, Tor:
Alexandra Birkert: „Das Goldene Tor – Alfred Döblins Nachkriegszeitschrift – Rahmenbedingungen, Zielsetzung, Entwicklung", Buchhändler-Vereinigung, Frankfurt/M. 1989; Sonderdruck: „Archiv für Geschichte des Buchwesens", Bd. 33.

Birkert, Kritik:
Alfred Döblin: „Kritik der Zeit: Rundfunkbeiträge 1946–1952", hg. von Alexandra Birkert, Walter Verlag, Olten/Freiburg 1992.

Briefe 1:
Alfred Döblin: „Briefe", hg. von Heinz Graber, Walter Verlag, Olten/Freiburg, 1970; zit. nach: dtv, München 1988.

Briefe 2:
Alfred Döblin: „Briefe II", hg. von Helmut F. Pfanner, Walter Verlag, Zürich/Düsseldorf 2001.

Doktor Döblin:
„Doktor Döblin – Selbstbiographie", hg. von Erich Kleinschmidt, Friedenauer Presse, Berlin 2000.

Huguet:
Louis Huguet: „Pour un Centenaire (1878–1978) –
Chronologie Alfred Doblin", in: Annales de l'Univer-
sité d'Abidjan 1978, Série D tome XI, Lettres, S. 7ff.

Huguet Bibliogr.:
Louis Huguet: „Bibliographie Alfred Döblin", Aufbau Verlag, Berlin/Weimar 1972.

Kleine Schriften IV:
Alfred Döblin: „Kleine Schriften IV", hg. von
Anthony W. Riley u. Christina Althen, Walter Ver-
lag, Düsseldorf 2005.

Links, Döblin:
Roland Links: „Alfred Döblin", Verlag C.H. Beck,
edition text+kritik, München 1981.

Marbacher Ausstellungskatalog:
„Alfred Döblin 1878–1978. Eine Ausstellung des
Deutschen Literaturarchivs im Schiller-National-
museum Marbach am Neckar", hg. von Jochen
Meyer in Zusammenarbeit mit Ute Doster, 4. ver-
änd. Aufl. 1998.

Minder, Beitrag:
Robert Minder: „Beitrag zur authentischen Lebensgeschichte – Aus Gesprächen mit Döblin", in: Süd-
deutsche Zeitung, München, 5./6.8.1978, S. 95f.

Petit:
Marc Petit: „Die verlorene Gleichung – Auf den
Spuren von Wolfgang und Alfred Döblin", Eichborn
Verlag, Frankfurt/M. 2005.

Schriften Politik:
Alfred Döblin: „Schriften zur Politik und Gesell-
schaft", hg. von Heinz Graber, Walter Verlag, Olten/
Freiburg 1972.

Schriften Leben:
Alfred Döblin: „Schriften zu Leben und Werk", hg.
von Erich Kleinschmidt, Walter Verlag, Ol-
ten/Freiburg 1986.

Schuster/Bode:
Ingrid Schuster u. Ingrid Bode (Hg.): „Alfred Döblin
im Spiegel der zeitgenössischen Kritik", Francke
Verlag, Bern/München 1973.

Wallenstein:
Alfred Döblin: „Wallenstein", hg. von Edwin Kobel,
dtv, München 2003.

ars:
Archiv Ralph Schock.

bpk:
Bildarchiv Preussischer Kulturbesitz, Märkisches
Ufer 16–18, 10179 Berlin.

DLM:
Deutsches Literaturarchiv Marbach, Schillerhöhe
8–10, 71672 Marbach a. Neckar.

LA:
Literaturarchiv Saar-Lor-Lux-Elsass in der Saarländischen Universitäts- und Landesbibliothek, Beet-
hovenstraße Zeile 6, 66125 Saarbrücken. Bestand:
Be-K-Map 102.

ub:
ullstein bild, Axel-Springer-Straße 65, 10888 Berlin

Zeittafel

Angegeben sind vor allem Daten, die mit Döblins Aufenthalt in Saargemünd und Hagenau bzw. mit Saarbrücken und Housseras in Verbindung stehen. Sie sind entnommen der „Chronologie Alfred Doblin" von Louis Huguet, S. 56ff. sowie der „Döblin-Chronik" in dem Marbacher Ausstellungskatalog (S. 10ff).

1914

Dezember:

Freiwillige Meldung für den Einsatz in Belgien und Frankreich, um der Einberufung seines Jahrgangs zuvorzukommen.

26. Dezember:

Telegraphischer Gestellungsbefehl für das Lazarett der Infanteriekaserne in Saargemünd (Lothr.).

Ende Dezember:

Eintreffen Döblins in Saargemünd.

1915

1. Januar:

Militärarzt an der Infanteriekaserne des 21. Korps. Der Sitz des Kommandos ist Saarbrücken. Alfred Döblin wohnt vorübergehend im Hotel Royal, später in der Marktplatzstraße 7.

17. März:

Geburt des Sohnes Wolfgang in Berlin.

23. März:

Erna Döblin zieht mit den beiden Kindern nach Saargemünd.

Mai:

Arbeit an Erzählungen. Pläne zu einem „Ölmotor"-Roman als Fortsetzung von „Wadzeks Kampf mit der Dampfturbine" und zu einem hist. Roman über die Ereignisse 1847/48 in Deutschland; beide nicht ausgeführt.

17. Juni:

Umzug innerhalb Saargemünds in die Neunkircherstraße 19.

Ab 27. Juli:

Benutzer der Straßburger Universitätsbibliothek, von wo man ihm die benötigten Bücher zuschickt.

Juli bis August:

Erna Döblin schreibt das Manuskript des „Dampfturbinen"-Romans ab.

September:

Zusammenstellung des zweiten Novellenbandes „Die Lobensteiner reisen nach Böhmen" mit der Erzählung „Das Gespenst vom Ritthof".

Oktober bis November:

Beschäftigung mit dem deutschen Mittelalter und der Zeit der Kreuzzüge.

Dezember:

Vertrag mit Georg Müller (München) über die Veröffentlichung von „Die Lobensteiner reisen nach Böhmen".

1916

21. Februar:

Beginn der erfolglosen dt. Verdun-Offensive (eingestellt Anfang Juli). Einquartierung der an der Eroberung der frz. Festung Douaumont (25.2.) beteiligten Truppen (und Verwundeten) in Saargemünd.

Februar/März:

Aufgabe der Berliner Wohnung in der Frankfurter Allee 194. Das Mobiliar wird eingelagert.

23. März:

Auslieferung von „Die drei Sprünge des Wang-lun" mit der gedruckten Jahreszahl 1915.

21. Mai:

Ein Magen-Darm-Leiden verhindert D.s geplanten Urlaub in Berlin, er ist zwei Monate lang bettlägrig.

Juli:

Umbruchkorrekturen des Bandes „Die Loben-steiner reisen nach Böhmen".

15. Juli bis 15. August:

Krankenurlaub in Bad Kissingen. Eine Zeitungs-notiz über ein „Gustav-Adolf-Festspiel" gibt den An-stoß zum „Wallenstein"-Roman. Auf der Rückfahrt nach Saargemünd Station in Heidelberg und Mann-heim.

Ende August:

Erhält den mit 600 Mark dotierten Fontane-Preis.

Ab Ende September:

Vorarbeiten zum „Wallenstein"-Roman.

Mitte November:

Luftangriffe auf Saargemünd.

Dezember:

Beginn der Niederschrift des „Wallenstein"-Romans.

1917

Nach dem Erfolg des „Wang-lun" (2. Aufl. noch 1916, 3. u. 4. Aufl. Anfang 1917) Anfragen versch. Verlage. Versuche, den zweiten – zwar gedruckten, aber noch nicht ausgelieferten – Novellenband von Georg Mül-ler (München) „loszueisen".

Anfang März:

Döblin erkrankt an Typhus. Da er geimpft ist, leich-terer Krankheitsverlauf.

16. März:

Abdankung des Zaren Nikolaus II. Die Ereignisse in Russland bewirken einen Wandel in Alfred Döblins pol. Anschauungen.

Ab 25. April:

Zum Auskurieren der Typhuserkrankung und wegen eines Magen-Darm-Leidens im Offizierslazarett Heidelberg. Studien zum „Wallenstein" in der dortigen Universitätsbibliothek.

20. Mai:

Geburt des Sohnes Klaus in Saargemünd.

21. Mai:

Rückkehr Döblins nach Saargemünd.

August:

Mit dem Beitrag „Es ist Zeit!" in der „Neuen Rundschau" bekundet Alfred Döblin seine Sympathie für die Revolution in Rußland.

2. August:

Versetzung nach Hagenau (Elsass). Wohnung in der Schanzstraße 26. Wegen der Nähe zur Straßburger Bibliothek rasches Fortschreiten des „Wallenstein"-Romans.

Ende 1917:

Auslieferung des Bandes „Die Lobensteiner reisen nach Böhmen".

1918

19. Januar:

Frieda Kunke (geb. 1891), die Mutter von Alfred Döblins unehelichem, am 14.10.1911 geb. Sohn Bodo, stirbt an Tuberkulose. Vermutlich durch ihren Tod wurde der autobiogr. Entwurf „Doktor Döblin – Selbstbiographie" angestoßen.

2. Märzhäfte:

Berlin-Urlaub Alfred Döblins. An einem „Sturm"-Abend bei Walden Abgrenzung von dessen unpol. Konzept des „Wortkunstwerks" (Eintragung in Waldens Gästebuch: 19.3.).

6. Juni:

D. wird für Gesundheitskontrolle bei Kriegsgefangenen zuständig, die dem IV. Landsturminfanterieersatzbataillon Saarbrücken unterstehen.

3. Juli:

Döblin erhält den Befehl, mehrere Firmen im Elsass und in Lothringen zu revidieren.

Juli:

Der Roman „Wadzeks Kampf mit der Dampfturbine" erscheint bei S. Fischer (Berlin).

18. August:

Ernennung zum Kriegs-Assistenzarzt.

Oktober bis November:

D. erlebt Kriegsende und Revolution in Hagenau. Deutsches Waffenstillstandsangebot an Wilson (5.10.); Matrosenrevolte in Kiel und Ausweitung der Revolution auf andere deutsche Städte (ab 3.11; ab 9.11. Hagenau); Revolution in Berlin; Abdankung Wilhelms II.; Ausrufung der Republik; Übertragung der Regierung auf Ebert (9.11.); Waffenstillstandsabkommen (11.11.).

14. November:

Abfahrt mit dem Lazarettpersonal aus Hagenau.

1946

6. April:

Erster Brief Alfred Döblins an Anton Betzner; noch im April Eintritt Betzners in die Redaktion der Zeitschrift „Das Goldene Tor",

11. Juni:

Rundfunkinterview in Stuttgart über die geplante Zeitschrift „Das Goldene Tor".

1. Oktober:

Die erste Nummer der Zeitschrift erscheint.

1947

19. Mai:

Gründung des Saar-Verlags.

1./2. November:

Erster gemeinsamer Besuch des Grabs von Wolfgang in Housseras durch Alfred u. Erna Döblin.

1949

Umzug von Baden-Baden nach Mainz.

1951

Die letzte Ausgabe (6. Jg., Nr. 2) der Zeitschrift „Das Goldene Tor" erscheint.

1952

28. Juni:

Ankunft von Alfred u. Erna Döblin in Saarbrücken.

29. Juni:

Europa-Rede im Saarbrücker Rathaus im Rahmen der „Woche des zeitgenössischen Kulturschaffens" von Radio Saarbrücken.

14. September:

Radio Saarbrücken sendet die Erzählung „Reiseverkehr mit dem Jenseits".

20. September:

Herzinfarkt.

1953

14. September:

Letzter Brief Alfred Döblins an Anton Betzner.

1957

26. Juni:

Tod Alfred Döblins.

28. Juni:

Beisetzung an der Seite Wolfgang Döblins in Housseras.

September:

Letzte Briefe Erna Döblins an Anton Betzner.

15. September:

Selbstmord Erna Döblins, sie wird ebenfalls in Housseras beerdigt.

Danksagung

Die Erlaubnis zur Veröffentlichung der Texte von Alfred Döblin erteilte freundlicherweise der Verlag S. Fischer (Frankfurt/M.). Danken möchte ich auch Stephan Doblin, der dem Buchprojekt zustimmte und mit dem Abdruck der Familienphotos (S. 11, 39, 269) einverstanden war.

Die Erben von Anton Betzner waren mit der Veröffentlichung jener Texte einverstanden, deren Rechte sie halten.

Auskünfte erteilten und Material stellten zur Verfügung:
- das Deutsche Literaturarchiv in Marbach
- das Literaturarchiv Saar-Lor-Lux-Elsass in Saarbrücken-Dudweiler
- das Stadtarchiv Sarreguemines
- das Stadtarchiv Haguenau
- das Stadtarchiv Saarbrücken
- das Stadtarchiv Heidelberg
- die Stadtbibliothek Wuppertal
- das Landesarchiv des Saarlands
- das bildarchiv preussischer kulturbesitz in Berlin
- das Archiv der Saarbrücker Zeitung

Christina Althen, der Herausgeberin der Döblin-Werkausgabe, danke ich für unentbehrliche Hinweise und Ratschläge in den vergangenen zwei Jahren.

Gabriele Sander stellte ein von ihr in der Stadtbibliothek Wuppertal entdecktes Foto zur Verfügung (S. 25).

Mme Laurence Minder war mit dem Abdruck eines Fotos ihres Vaters einverstanden (S. 187).

Bei auftretenden Fragen und Problemen haben mich unterstützt: Daniel Goetz, Josef Gros, Jan-Christoph Hauschild, Didier Hemmert, Marc Petit, Christel Seidensticker-Schauenburg, Adrienne Schock sowie die SR-Kollegen Roland Schmitt (Bibliothek) und Bert Lemmich (Archiv).

Das Nachwort ist April/Mai 2009 an einem schönen Ort an der französischen Atlantikküste entstanden; Janine und Gerhard Tänzer haben den Aufenthalt ermöglicht.

Einen Zuschuß zu den Druckkosten gewährte freundlicherweise die Saarland Sporttoto GmbH.

ZUR REIHE „SPUREN"

„Immer mehr kommt unter uns daneben auf. Man achte grad auf kleine Dinge, gehe ihnen nach. Was leicht und seltsam ist, führt oft am weitesten" (Ernst Bloch).

„Spuren" führen zu Vergessenem, Entlegenem, Verborgenem; sie vermitteln Entdeckungen, Begegnungen, Austausch. Und: Sie führen über Grenzen. „Eine Spur, die das Auge vermißt, findet oft das Ohr", weiß der Volksmund.

In dieser Reihe sind Texte erschienen von Werner Reinert, Hermann Hesse, Harald Gerlach, Theodor Balk, Ilya Ehrenburg, Philippe Soupault, François-Régis Bastide und Alfred Döblin.

Die Reihe wird herausgegeben von Ralph Schock.

Hermann Hesse
Autoren-Abend
Verlauf und Folgen der Lesung vom 22. April 1912

Eine Dokumentation
Mit unveröffentlichten Materialien
und einem Nachwort von Ralph Schock

116 Seiten, gebunden mit Schutzumschlag
(Derzeit vergriffen)

„Ein wunderschönes, lesenswertes Bändchen, das Hesse auch als einen Menschen vorstellt, der das Mißverständnis letztlich doch gelassen nahm. – Eine seiner schönsten Erzählungen."

Calwer Kulturmagazin

Harald Gerlach
Die völlig paradiesische Gegend
Auf Goethes Spuren zwischen Rhein, Saar und
Mosel

Mit einer Spurensuche von Wulf Kirsten
und einer Nachbemerkung von Ralph Schock

176 Seiten, gebunden mit Schutzumschlag

*„An diesem Büchlein wird deutlich: Gerlach war
ein herausragender Essayist, ein Wissender um
Landschaft und Dichterwerk. Welch Pech, daß
man ihm jetzt sein Wissen nicht mehr abverlangen
kann. Welch Glück, daß Ralph Schock dies nochmal
getan hat.“*

Thüringer Allgemeine Zeitung

Hier spricht die Saar
Ein Land wird interviewt
Drei Reportagen von Philippe Soupault,
Theodor Balk und Ilya Ehrenburg

Kommentiert und mit einem Nachwort von
Ralph Schock

408 Seiten, gebunden mit Schutzumschlag

*„An diesem Buch sollte niemand vorbeigehen, der die
Wahrheit über die Saar 1935 wissen will. Man liest das
Werk mit nicht nachlassender Spannung. Es sind drei
Reportagen ausländischer Schriftsteller, Journalisten,
die damals an die Saar kamen. (…) Fotos des be-
rühmten Fotografen Robert Capa illustrieren den sehr
ansprechend aufgemachten Band."*

Sonntagsgruß

*„…nicht nur für Historiker interessant. (…) Endlich
sind die Texte von Soupault und Ehrenburg auch auf
Deutsch zugänglich."*

Luxemburger Tageblatt

François-Régis Bastide
Wandererfantasie
Roman
Aus dem Französischen von Eugen Helmlé
und Alfred Diwersy
Mit einem Nachwort von Gisela Wand

456 Seiten, gebunden mit Schutzumschlag

*„Im Zentrum des Romans, der seinen Titel Schuberts
Fantasie in C-Dur verdankt, steht neben der 68er
Generation das Jahr 1945/46, als der Autor französischer Kulturoffizier in Saarbrücken war. Er reist in
kulturpolitischer Mission durch Europa und wandert
in Gedanken 20 Jahre zurück in die Zeit seiner Liebe
zur deutschjüdischen Schauspielerin Lionne.*
*Die ebenso minutiösen wie lebhaften Schilderungen
der unmittelbaren Nachkriegszeit in Saarbrücken,
Erlebnisse des Pariser Mai 1968 und Begegnungen mit
historischen Persönlichkeiten wie Grandval, General
Kœnig und de Gaulle machen den Roman zu einem
hervorragenden Zeitdokument.“*

Eva Riggs, Buchprofile

318

Joseph Roth
Briefe aus Deutschland

Mit unveröffentlichten Materialien
und einem Nachwort von Ralph Schock,

192 Seiten, gebunden mit Schutzumschlag

„Die sorgfältig revidierte und kommentierte Einzel-
ausgabe der Saarreportagen läßt erkennen, wie Roths
journalistisches Werk ediert werden müsste."

Wiener Zeitung

„Vorbildlich dokumentieren sie die enge Nachbarschaft
von Weltliteratur und der hohen Kunst des Journa-
lismus."

Neue Züricher Zeitung

Impressum

Alle Rechte an dieser Ausgabe vorbehalten
© 2010 Gollenstein Verlag GmbH, Merzig
www.gollenstein.de

© der Döblin-Texte:
S. Fischer Verlag, Frankfurt a. M.
© der unveröffentlichten Döblin-Briefe:
Stephan Doblin
© des Gedichts von Dorothee Sölle:
Wolfgang Fietkau Verlag Kleinmachnow
© der Betzner-Texte: Betzner-Erben

Buchgestaltung C. Pom.
Satz Karin Haas
Schrift FranklinAntiquaBQ
Papier Focus Art Cream
Druck Merziger Druckerei und Verlag GmbH
Bindung Buchbinderei Schwind, Trier

Printed in Germany
ISBN 978-3-938823-55-2